JN059715

英語教師のための
自律学習者育成ガイドブック

関屋 康／ジョー・マイナード ［監修］
加藤 聡子／山下 尚子 ［著］

神田外語大学出版局

はじめに

「英語学習」と聞くと、何を連想するでしょうか。「難しい」「面倒」「苦手」などなど、ネガティブなイメージを持っている方は多いかもしれません。また、「日本人は英語が苦手」というイメージを持っている方も多いと思います。実際に、日本人の英語力は世界100カ国中55位と言われています（EF EPI 英語能力指数、2020年版）。「非常に高い」から「非常に低い」の５段階レベルの評価では、下から２番目の「低い」にあたります。日本人の英語苦手説は、イメージではなく、現実なのです。

ではなぜ日本人は英語が苦手なのでしょうか。経済やテクノロジーなどでは大きな成果を収めているのに、なぜ英語となるとなかなか成果が出ないのでしょうか。私たちはこれまで、英語学習が成功するカギを様々な角度から学術的に研究をし、現場で実践をしてまいりました。

その結果たどり着いたのが、語学学習を成功させるカギは「学習者の自律性（学習者オートノミー）の育成」である、ということです。つまりこれは、学習者が自ら学びをプロデュースできるようになり、学習自体を楽しむことができる力です。自律性の育成には自分自身と向き合うプロセスが欠かせません。自分はどうやってここまできたのか、これからどうしたいのか、いま何に悩んでいるのか、それをどうしたいのか。こういった問いを自分自身に投げかけ、それを内省することから自律性の育成は始まります。自律性の育成とは単なる語学学習を推進するツールではなく、自分自身を学び、学ぶ姿勢を学ぶプロセスです。英語を学ぶ前に、こうした自己探求、そして学び方を学ぶことが、英語学習を劇的に変える要素になると私たちは考えています。

日本の教育基本法では、教育において「自律の精神を養う」ことが明記されています。文部科学省の改訂学習指導要領にも、「主体的・対話的で深い学び（アクティブ・ラーニング）」の推進が強調されています。

しかし、具体的には私たち教師は何を、どのようにすれば、こうした教育活動ができるのでしょうか。特に、学習者および教育者の「自律性」を養う具体的なガイドラインは、現在の日本ではまだまだ多くは見受けられません。本書は、現場の教師に向けた「学習者の自律性」および「教師の自律性」を促進するための実践ガイドブックです。現場の教師の皆さんが、既存の枠組みの中でも、今日から実践できる具体的なアプローチを紹介しながら、学習者の自律性育成の要である「教師の自律性」の育成についてご紹介しています。

本書は以下の２部構成からなります。

〈第１部　学習者の自律性を促す「対話」の基本〉では、自律性促進のカギとなる「対話」に着目します。学習者の自律性は、学習者にスキルやテクニックを体得させることではなく、教師と学習者の関係性の上にこそ成り立つのです。本章では、自律性育成の土台となる教師と学習者の対話のあり方について、12の対話術と具体例を交えて紹介しています。

〈第２部　学習者の自律性を促す「授業」の基本〉では、授業で学習者オートノミーを育成する意義、利点に触れ、学習者の自律性を育成する授業構成について紹介します。既存のカリキュラムに少し工夫を加えることで英語力と自律性の育成の両方を同時に行うことが可能です。またその際に鍵となる教師が授業内で取るべき役割について取り上げ、授業で重要な役割を占める教師の介入についても提示します。今日からさっそく授業で実践できるものばかりです。

本書には、監修者として神田外語大学の関屋康教授とジョー・マイナード教授にご参加いただき、あわせて特別寄稿をお寄せいただきました。関屋先生は、自律学習の有用性を実感されたエピソードを踏まえ、それをご自身の授業でどのように実践されているかについて、自律学習の１つの具体的な実践方法としておまとめいただきました。また、学習者オートノミーの研究を国際的にリードされてきたマイナード先生には、自律学習研究が始まった経緯から今日まで、自律学習の過去と現在について、その意義とともにおまとめいただきました。ここに記して感謝申し上げます。また、本書の執筆に関わってくださった、多くの学習者や先生方にも深く感謝をいたします。

最後に、本書の企画・執筆にあたり、何度も対話を重ね、共にこの本を生み出していただいた本書の担当編集者、神田外語大学出版局局長の米山順一様に、心よりの敬意と感謝を申し上げます。

多くの方々の思いを乗せた本書が、少しでも、日本の英語教育における学習者および教育者の「自律性の育成」を促すことに貢献し、一人でも多くの学習者がワクワクしながら実りのある学習ができることを願っています。

2021年夏

加藤聡子
山下尚子

目　次

はじめに……iii

【特別寄稿】

私の英語授業実践——自律学習者育成の観点から……………関屋　康　3

学習者の自律性——その起源と世界的な動向……ジョー・マイナード　21

第1部　学習者の自律性を促す「対話」の基本

1. 自律性を促す第1歩は「対話」……33

1.1　「対話」の力／33

1.2　学習者の自律性とは？／35

1.3　どうやって学習者の自律性を育成するのか／37

1.4　意図的にリフレクションを促す対話とは？／38

1.5　カギは「聞き手」にあり！／40

1.6　自律性の4つの発達段階／42

1.6.1　第1段階：開始／42

1.6.2　第2段階：深化／44

1.6.3　第3段階：意識化／47

1.6.4　第4段階：変容／48

1.7　まとめ／50

●ここがポイント／51

2. 学習者の自律性を促す12の対話スキル……52

2.1　傾聴し、受け止めるための5つのスキル／52

2.1.1　繰り返し／53

2.1.2　言い換え／55

2.1.3　要約／56

2.1.4　共感／58

2.1.5　褒める／59
2.2　発想の転換と問題解決を促す７つのスキル／59
2.2.1　俯瞰／60
2.2.2　比喩／60
2.2.3　直感／61
2.2.4　パワフル・クエスチョン／61
2.2.5　挑戦／64
2.2.6　経験の共有／65
2.2.7　責任意識の強化／66
2.3　自律性を促す12の対話スキルの極意／66
3．自律性を促す対話の具体例……69
3.1　依存型学習者への対応：
「何をすればいいですか？　教えてください」／69
3.2　モチベーションに問題を抱える学習者への対応：
「先生、どうしてもやる気がでません」／71
3.2.1　いきなり解決しようとしない／72
3.2.2　問題の真相を探る／73
3.2.3　問題の解決を促す／74
3.3　学習に対する不安に悩む学習者への対応：
「とにかく不安なんです」／75
3.3.1　いきなり励まさない／75
3.3.2　共感と褒めが大事／76
3.3.3　解決できなくても OK／76
3.4　学習計画をうまく作成できない学習者への対応：
「先生、計画したことが実行できません」／76
3.4.1　現状の振り返り／77
3.4.2　原因の分析／77
3.4.3　計画の練り直し／78
●ここがポイント／82
4．教師の自律性の育成……83
4.1　教師のウェルビーイング／83

4.2　ウェルビーイングを向上させるには？／84
4.3　教師のためのメンタリングプログラム／86
4.4　ライフストーリーの共有／87
4.5　リバース・メンタリング／89
◎ここがポイント／91
5.　教師が自律性を育てる～「この先生は自分をわかってくれる！」～……92

第２部　学習者の自律性を促す「授業」の基本
1.　授業で学習者の自律性を促す……95
1.1　学習者の自律性を育成するとは？／96
1.2　まずは、自分の学習について振り返る時間を作る／96
1.3　「やらされ」感と受け身な姿勢から脱却する工夫／97
1.4　他者評価から自己評価へ／97
1.5　授業で学習者の自律性を促進する意義／98
1.5.1　授業で行う意義（１）：全員に学びと気づきの機会を提供／98
1.5.2　授業で行う意義（２）：勉強の話をオープンに／99
1.5.3　授業で行う意義（３）：ピア・インタラクションと自律性／100
1.5.4　最近接発達領域／100
1.6　授業での足場掛け：スキャフォールディング／101
2.　学習者の自律性を促す教師の役割……103
2.1　学習者の自律性を育成する教師ファシリテーターとは？／103
2.2　教師の心得（１）：「きっと、こうだろう」と決めつけない／103
2.3　教師の心得（２）：ファシリテーターになろう／104
2.4　教師の心得（３）：そっと生徒に任せてみる／104
3.　学習者の自律性を育む授業構成：３つの柱……106
3.1　学習者の自律性を育む（１）：トピック／106
3.2　学習者の自律性を育む（２）：授業活動形態／107

3.3 学習者の自律性を育む（3）：教室空間デザイン／107
3.3.1 安心安全な場づくり／108
3.3.2 振り返りの活動を促進するレイアウト／108
3.3.3 使用言語は何を優先するかで決めよう／108
4． 学習者の自律性を促す授業活動案……109
4.1 授業活動案：様々な形で学習者の自律性を促す要素を授業に組み込む／109
4.2 授業活動案／109
【授業活動案①】ビジョンボードを作って夢に近づこう／110
【授業活動案②】Goal Tree に目標を宣言しよう／111
【授業活動案③】英語学習モチベーショングラフ／112
【授業活動案④】時間はどこに？／113
【授業活動案⑤】アートカードを使って自分を見つめよう／115
4.3 本気で習慣化に取り組みたい授業活動案／116
【授業活動案⑥】習慣化して英語力 UP！／116
4.4 最後の５分間で育む授業活動案／117
【授業活動案⑦】How did I do today?／117
【授業活動案⑧】〈授業外学習〉集中できた？／118
【授業活動案⑨】やる気スイッチはこれ！／119
5．「この先生の授業はおもしろい！」／120
〈資料〉……122

参考文献……133

英語教師のための
自律学習者育成ガイドブック

特別寄稿

私の英語授業実践

――自律学習者育成の視点から――

関屋　康

はじめに

本稿は私が大学の英語教師として教えてきた34年間の中で自分なりに構築してきた英語授業に対する信条を自律学習者の育成という視点から見つめ直したものです。あくまでも私個人の英語授業に対する信条ですので、こうした方が良いというような上から目線的な提案ではないことをまずご理解頂けると幸いです。少しでも読者の先生方が英語学習者の自律性を考える上での参考になればという思いで書いたものです。また、ここで私が自分の教育信条・実践として紹介することの多くは、専門家も言っていることです。それを自分なりに授業に取り入れようと努めているという実践報告でもあります。色々な方の「声」を借りて私自身の教育信条・実践が出来上がっていると言っても過言ではないと思います。研究論文ではないので、文献への言及は最小限に留めたこともご容赦下さい。

1.　私の自律学習の理解に影響を与えた２つの体験

これまでの自分の人生の中で、私の自律学習の理解に影響を与えた２つの体験があります。まずは、それについてお話したいと思います。

1.1　１つ目の体験：しいのみ学園の教育

私が小学生の頃、福岡市の井尻に障害を持った子どもたちのための施設「しいのみ学園」がありました。昭和30年代当時、日本にはそのような施設はなく、子どもをこの施設に通わせるために移住してくる家族もいました。実は私たち家族も重度の脳性麻痺を持つ姉をこの施設に通わせるために山口県宇部市から福岡市に移住してきました。家族としてこの学園での教育を近くで見る機会も多く、ここでの光景が私の学習者の自律性の理解の原点になっているような気がします。どのような障害を持っている子どもであっても、周りが愛情を持って適切な支援をすれば伸びるというのが、学園長昇地三郎氏の教育方針でした。子どもたちは一人一人障害の程度が違うので、各々の子どもに合った課題（例えば、一人で歩く、靴をはく、ひもを結ぶ）に取り組んでいました。周りは必要以上の手助けはしないが、励まし、本人ができるまで待つということを大切にしていました。運動会で転んでも、一人で立ち上がるまで他の園児や先生が一緒になって声援している光景は今も目に焼き付いています。子ども自身の中に備わっている伸びる力を信じ、１つでも何か自分でできるようになることに学びの喜びがあると教わった気がします。

1.2　2つ目の体験：CLL との出会い

米国の大学院に留学中の1980年代前半にカール・ロジャーズのカウンセリング心理学の影響を受けた「コミュニティー言語学習」（Community Language Learning: CLL）という言語教育アプローチに出会いました。それまで自分が経験してきた教師主導型の外国語教授法とは全く異なった学習者主導型の教授法に大変興味を覚え、このアプローチを提唱していた Counseling Learning Institute の Rardin、Tirone 両氏の指導のもと、CLL の言語カウンセラーとしての訓練を受けました。この言語教育アプローチの背後にある原理は現在の私の外国語教育における学習者の自律性の理解に大きな影響を与えています。

CLL に関しては初級外国語学習者を対象とした次のような授業風景がよく紹介されています。

> 学習者は円陣を組み、教師はその外で学習者が発言したいことを母語から目標言語に訳し学習者に伝え、学習者はそれをテープレコーダーに録音し、一連の会話を行った後、それを文字に起こし、その会話を教材として使って様々な言語活動を行う。

しかし、CLL は外国語教授法というより、外国語教育アプローチなので学習者の言語発達段階に応じて、その原理に基づき様々な言語活動が考えられます。本稿では学習者の自律性と特に関係があると思われる原理をいくつか取り上げ、解説したいと思います。

（1）学びの主体は生徒である。教師は目標言語のエキスパートであると同時に、生徒の学びを支援・促進するファシリテーターとしての役割を務める。教師が教壇に立って教えるという形式ではなく、生徒たちが円陣を作って教師がその外に立って学習を支援するという先述の CLL 活動例にも、この原理が現れている。

（2）個々の生徒は唯一無二の存在であり、外国語学習の阻害因子となるような不安や怖れを感じている者もいる。一人一人の生徒を全人的に捉えて、学習に関わる全ての側面を理解しようと努めることが教師の役目である。CLL では言語活動を終えるごとに静かな「振り返り」の時間があり、その直後に「振り返り」を学習仲間と共有する時間を設けている。肯定的な感情だけではなく、不安、自信喪失、混乱等の否定的な感情も出てくるが、教師はそれに対してアドバイスをするのではなく、生徒の感情をありのまま受け入れて理解することに傾注する。

（3）教師と生徒の信頼関係、生徒同士の信頼関係を築くことが個々の生徒の学びにとって不可欠である。これが学習者コミュニティー・学習共同体の形成に繋がる。このため CLL では、協働学習を重視するグループでの言語活動が中心になる。先述の「振り返り」の共有も学習者コミュニティーのメンバー間の信頼関係の構築に寄与している。

（4）言語はコミュニケーションそのものである。この原理は初回の授業から生徒たちが言いたいことを目標言語で表現する活動にも表れている。生徒たちの意味ある発話が教材になり、これを使って教師と生徒の協働でシラバスを作成していく。

（5）決められた制約の中で選択する機会が多く与えられている。生徒は制約があることで安心して活動に従事することができる。例えば、(a) 冒頭に挙げた会話活動では、制限時間内で自分が表現したいことを言える、(b) 会話を文字に起こして教材にする際も、自分たちで勉強したい文を選べる、(c) Human Computer という発音練習活動の際には、生徒自身が選んだ単語・句・文を生徒主導で練習できる等が挙げられる。

（6）生徒自身の発見学習を重視する。例えば、学習初期の段階では会話中で使われる言語情報の中から生徒たちが自分なりに文法を発見していく帰納的・発見的アプローチが中心になり、メタ言語的な明示的説明は最小限に留められている。

（7）学習初期の段階では未知の言葉を学習することに不安を感じる生徒も多いが、生徒たちの母語を使い意味を明確にしながら目標言語に導入していくことで、安心感を持って学習に臨める。初期段階では目標言語のエキスパートである教師に全面的に依存するが、言語習得が進むにつれ、自分の目標言語使用者としての意識や自信が高まり、徐々に教師への依存度も少なくなり、目標言語での自発的な発話が増える。また自分の学習に対してより責任を持つことができるようになる。

(CLL の詳細については Curran (1976) を参照)

私が体験したこれらの2つの教育方法に共通することは、学習者の自律性は教師と生徒との信頼関係及び生徒同士の協働関係の中で育つということです。そして、教師の役割は生徒の発達段階に応じて学びを適切に支援することだということです。

2. 英語学習者の自律性育成——私の英語授業の場合

本節では英語学習者の自律性育成のために、私自身が大学の英語授業（英語専攻の1年生対象の内容重視のアカデミック英語授業と、3、4年生対象の内容言語統合型学習（CLIL）の英語授業）で実践してきたことをご紹介したいと思います。

2.1 教師である私と学生の関係性、学生同士の関係性

"From Sage on the Stage to Guide on the Side"
(壇上の賢者ではなく、傍らによりそう案内人になれ)

この格言は私が英語の授業を行う上で大切にしているモットーで、自分への戒めも込めて、肝に銘じるようにしています。とかく私たち英語教師は自分が持っている知識を学生に教えることには注力しますが、自分が教えたことが学生たちにどう伝わり、学生たちの中でどのような学びが起きているか、あるいは起きていないのかというところまであまり注意を向けていないのではないでしょうか。この格言は教師にとって、学習者の自律性を育てる上で、大事な心構えを示しているように思います。

また、学生同士は、優劣がある競争相手ではなく、お互いがお互いの学習を支援し合う学習仲間だという関係性を、協働学習等の言語活動を通して築いていくことが、学習者の自律性の育成には大切だと思います(2.6「協働学習を取り入れる」参照)。さらに、教室での様々な協働学習を通して「学習共同体」の意識が生まれてきます。言葉のやり取りの学習は相手がいなくてはできないので、特に学生同士の協働関係作りは大事だと考えます。また、教師自身もこの「学習共同体」の一員として、学生と一緒に学んでいくという態度を示すことも肝要だと思います。

2.2 「ZPD」と「足場掛け」

教師と生徒の関係性に関して、私が授業を行う際に大切にしているのがVygotsky(1978)の最近接発達領域(Zone of Proximal Development: ZPD)という概念です。子どもの発達を考える場合、(1)自分一人でできる領域、(2)他者からの適切な支援を受ければできる領域(ZPD)、(3)他者からの支援を受けてもできない領域、の3領域があり、最も生産的な学習は2番目のZPDで起きるという発達理論です(次図を参照)。そしてこの他者からの適切な支援がBruner(1983)の言うところの「足場掛け(scaffolding:スキャフォールディング)」です。

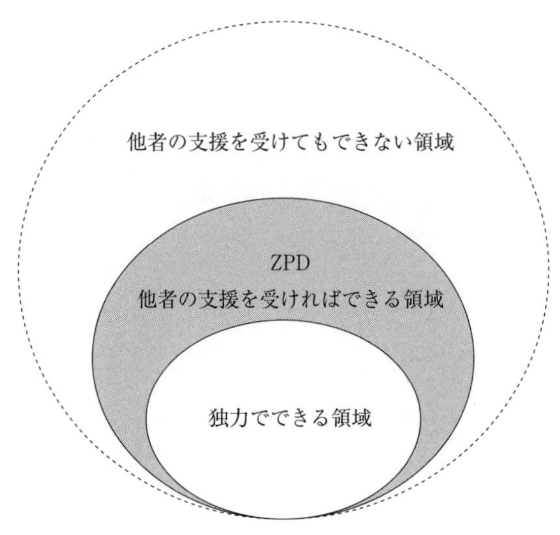

この発達モデルは学習者の年齢にかかわらず、あらゆる学習において適用できます。自身の授業でも、様々な場面（教材の選び方、授業活動の組み立て方、授業での発問の仕方、言語と内容の両面での支援、協働学習中の支援等）で、学生たちに適切な足場掛けができるよう努めていますが、毎回の授業を振り返って、足場掛けが不十分だったり、上手くいかなったりすることも多々あります。

また、ZPD は教師やより有能な仲間からの支援を受けて築かれるというのが一般的な考えですが、それ以外のリソースからも築くことができるというのが「複合的 ZPD（Multiple Zones of Proximal Development）」（van Lier, 1996）の考えです。van Lier は ZPD が築ける、次の 4 つのリソースを挙げています。

（1）大人（教室では教師）やより有能な仲間からの支援
（2）同等の能力を持つ仲間との相互交流
（3）自分よりも能力が低い仲間との相互交流
（4）学習者が持っている内的資源：知識、経験、記憶、強み、など

この「複合的 ZPD」のモデルは、相手の能力（例：英語力、知識量）

のレベルにかかわらず他者との相互交流、さらに自身と対話をすることが、学習を進める上で大事だということを示唆しています。（3）は、一般に自分より能力が低い学習者と交流するのは本人の学習には余り意味がないと思われがちですが、そうではなく、教えることにより、相手の学びを支援するだけでなく自身の学びが強化されるという大変重要な点を示しています。

私の授業ではグループでの協働学習を重視していますが、その中で様々な相互交流を通して、学生たちがZPDを築き合い、学びが起きることを期待しています。これには、グループのメンバー各々が責任を持ち、協働学習に積極的に関与していることが前提になります。複合的ZPDを築けるような協働関係を作ることが、学習者の自律性育成に繋がると思っています（2.6「協働学習を取り入れる」参照）。

2.3　個々の学生のことを知る

学習者の自律性をサポートするためには、まずは学生のことをよく知ることが大切です。個々の学生たちを深く知るというのはそんなに容易なことではありませんが、以下は自分なりに英語授業で実践していることです。

（a）学生プロフィール作成：授業の初めに学生たち一人一人の情報を集めるために、学生プロフィール用の質問票を作り記入してもらっている。この中には英検等の英語能力検定のスコアやCAN-DO自己評価リスト（英語を使って何ができるかのチェックリスト）、英語学習の目的、英語を使って何ができるようになりたいか等の英語学習に関する項目以外に、学習者の全体像を把握するために将来の夢、趣味、興味がある話題等に関する項目も含まれている。

（b）言語学習史（Language Learning History: LLH）：課題として、英語との出会いから現在までの英語学習体験を振り返らせ、時系列に沿って、特に重要な出来事に焦点を当てて英語で書かせている。授業では3名ずつのグループでLLHを交換し合い、相手の学習史で面白かった点を最低1つ、さらに知りたいと思う点を最低1つ書かせて、書き手に伝える活動を行っている。その後、私も読み、面白かった点、もっと深く掘り下げて説明して欲しい部分を伝え、学生はそれらのコメントを基に書き直して、自身のLLHの最終版を作成する。

（c）自分の学習スタイルや学習ストラテジーを振り返らせる質問票に答えさせ、グループでディスカッションを行う。

（d）毎回の授業後の学生の振り返り。

（e）授業中の観察。

（a）～（d）は教師が学生一人一人を知る手段であると同時に、学生個人にとっても自分自身の英語学習を振り返る良い機会になります。

2.4　英語学習の目的を考えさせる

英語学習の目的を明確にすることは自律的な学習を進める上での基盤となります。1年生の英語授業では「なぜ英語を学習するのか」「英語を使って将来何をしたいか」「どのような能力を身につけたいか」など、自身の学習目的を考えさせるようにしています。私は英語専攻の学生を教えていますが、それでも目的意識が弱い学生が多くいます。このような機会を設け、それをクラスメートと共有することで、より目的意識が明確になることを期待しています。学習の目的が明確だと、具体的に目標を立てて実行し、振り返り、次の学習に繋げてゆくというメタ認知力が育ちやすくなり、語学学習には欠かせない継続力に繋がると思います。

また、自分が思い描く、自身の英語使用者としての理想像（ideal English self）についても考えさせるようにしています。さらに、学期中には、英語を使って仕事をしている卒業生（例：中高の英語教師、NGOで働いている者、外務省在外公館派遣員）を授業に招いて、英語で学生たちとコミュニケーションを取る機会を設けています。この活動は毎回好評で、学生たちにとっては身近な先輩たちの中にロールモデルを見いだして、「このようになりたい」という具体的な将来のイメージが沸き、学習のモチベーションにも繋がるようです。

2.5 学習ストラテジーとコミュニケーション・ストラテジーの指導を取り入れる

> If you give a man a fish, you feed him for the day. If you teach him how to fish, you feed him for a lifetime.
> (魚を1匹与えれば、1日だけは空腹を満たすことができるが、魚釣りの仕方を教えれば、一生食べていける)

この格言は学習ストラテジーの意義をよく表しています。英語学習における「魚釣りの仕方」を教えるのが学習ストラテジー指導です。過去、研究者によって外国語学習を効果的に行うための様々な学習ストラテジーが提言され、分類されてきました（例：記憶ストラテジー、認知ストラテジー、メタ認知ストラテジー、情意ストラテジー）(Oxford, 1990)。最終的には学習者自身が自分に合ったストラテジーを目標タスクに応じて選択し、そのストラテジーの有用性を認識し、自分で使っていくことが自律学習にとっては大切です。私の授業では言語活動に即して、私自身がこれまでの英語学習で役に立つと思ったストラテジー（例：語彙学習に関するストラテジー、読解や聴解に関するストラテジー）を中心に紹介するようにしています。

コミュニケーション・ストラテジーは目標言語でのコミュニケーションを円滑、かつ効果的に行うために使うストラテジーですが、自律的な英語使用者を育てる上で重要なスキルだと思います。私の1年生の授業では、学年の初めに、教師に支援を求める場合の質問の仕方、学生同士のグループ・ディスカッションでの「意味交渉」(理解のチェック、明確化要求、言い換え等）の仕方、英語で自己表現が上手くできない場合の補償ストラテジー、深い議論をするためのストラテジー等を、様々なタスクを通して、集中的に練習します。コミュニケーション・ストラテジー指導を学年の最初に行うことで、以後の英語を使っての言語活動に好影響を与えていると感じています。

2.6 協働学習を取り入れる

協働学習は、グループで協力し合って問題の解決に取り組んだり、グループ内で多様な意見や考えを共有し、話し合いながら意見・考えを整理したり、内容に関しての理解を深めたりする学習形態です。私の授業では、通常は特定のテーマに関して書かれているリーディングを主なインプットとして用い、それをもとに言語活動を組み立てていますが、ここに協働学習の要素を取り入れるようにしています。ここでは私が授業でよく使うジグソー・リーディング法について触れたいと思います。例えば、1年生の英語授業では特定の話題（例：The Impact of the Media on Our Lives）に関して３つのリーディング（Reading 1: The Impact of the Internet on Mass Media, Reading 2: Social Media, Reading 3: Learning & Thinking with New Media）があります。仮に学生が21名いたとすると、７つのグループを想定し、各々のリーディングの内容説明を担当するエキスパートと呼ばれる学生を７名ずつ決めます。学生は宿題として、担当のリーディングを精読し、要点を纏めた英語のハンドアウトを作成します。また、高次思考を促すディスカッション・クエスチョン（例：What can we do to solve the issue of cyberbulling?）を必ず１つ持って来させます。授業では、まず同じ箇所を担当したエキスパート同士が集まって内容の確認を行い、ディスカッション・クエスチョンを共有します。この後、違うリーディングを担当した３名ずつでグループを作り、自分の担当箇所を読んでいない残りの２人にハンドアウトを使いながら説明し、最後にディスカッションを行うという形式です。ここでの私の役割は、学生の内容確認の質問に答えたり、ディスカッションの際の英語表現の支援をしたり等の補助的なものです。このように英語を使用して、お互いに教え合い学び合う協働学習の機会を持つことは、グループ内での一人一人の責任が明確になるので英語学習者の自律性の発達にとっても有益です。

2.7　制約の中で選択肢を与える

授業の様々な制約の中で選択肢を与えることは、自分で選んで学習に取り組んでいるという自律性の意識を高める上で重要だと考えます。私の授業では、例えば以下のような選択肢を与えています。（ａ）１年生の英語の授業は内容重視のリーディング教材を使っての活動が中心になりますが、それとは別に学生に多読の課題を課しています。前期は大学の自律学習センター（Self-Access Learning Center）で、自分のリーディングレベルにあったグレイディッド・リーダー中から、興味が持てそうな本を毎週1冊選んで読ませ、簡単なブックレポート（あらすじ、感想、何割理解できたか）を英語で書かせ、授業の最初の5分間を使って、読んだ内容をペアで共有する活動を行っています。後期になると選択肢の幅を広げ、新聞の記事でもTED Talkでも自分が興味を持てる内容であれば何でもよいという決まりにしています。この活動の目的は、授業外で自分が興味を持てる英語リソースを探して英語インプットの量を増やす方法を見つけさせることと、自身の楽しみ・興味のために英語を読んだり、聞いたりするという自律的読み手・聴き手を育てるということにあります。（b）授業では教科書以外の副教材を使用することもありますが、学生たちに複数のトピックの選択肢を提示した上で選ばせ、そのトピックの教材を使うようにしています。（c）リーディングの教材をワークシートを用いたりジグソー・リーディング法を使ったりして教えていますが、後期になると学生たちにどちらの方法で学びたいかを選ばせることもあります。

2.8　英語使用者としてのアイデンティティーを育成する

英語学習者（English Learner）としてのアイデンティティーとは別に、英語使用者（English User）としてのアイデンティティーを育てていくことも、自律学習には大事なことです。国際共通語としての英語（English as an International Language; English as a Lingua Franca）の役割が益々重要になる中、外国語としてではなく、自己表現の手段として、自分の英語を育てていく必要があります。この意識を高める一番の方法は、英語で自己表現をする機会を多く持つことです。そのため、授業は基本的に英語で行い、学生たちにも英語使用を極力奨励しています。自分が思っていることが英語で上手く表現できない時が絶好の学習の機会だと捉えさせ、学生たちが英語で自己表現することをサポートするようにしています。ここで、2.5で述べたコミュニケーション・ストラテジーが役に立ってきます。

英語使用者としての意識を高めるもう1つの手段として、周りの人的資源を活用する方法があります。私の授業では、大学で勉強している留学生を授業に招待し、ディスカッションに参加してもらったり、あるいは授業で扱っているトピックと関連させて、学生たちに大学にいる英語話者（英語母語話者と非母語話者の両方を含む）にインタビューをさせて、その結果を授業の教材に使うという活動も取り入れています。また、インターネットで海外の大学生と英語で交流する機会も設けています。このような様々な英語話者との交流体験を通して、英語を介して問題意識の共有や多様な意見に触れるという経験を持つことにより、英語使用者としての意識が高まることを期待しています。交流体験後の学生の振り返りには、英語でコミュニケーションを取れた喜びや楽しさ、また上手く自己表現できなかった悔しさや文化的違いへの気付きについても触れられており、多くのことを学んでいることが窺えます。英語でコミュニケーションを取ることに対する自信にも繋がり、英語学習に対する内的動機づけが高まると感じています。将来、英語を使って社会に関わってゆける第一歩になればと願っています。

2.9 「振り返り」の機会を与える

> "We don't learn from experience; we learn from reflecting on experience."（John Dewey）
> （我々は経験そのものからではなく、その経験を振り返ることによって学習する）

Dewey のこの言葉は学習過程において、経験を振り返ることの大切さを説いています。学習体験を振り返ることで、理解できたこと・できなかったことを確認したり、学んだことを自身の以前の体験やスキーマと関連づけたり、自分の取り組み方を自己評価したりする等のメタ認知的活動が可能になります。振り返りは見通しを持って次の学習に繋げていくための大切な作業です。

私の英語授業では毎回最後の５分間を振り返りの時間に充てて、コメントを書かせています。何を学んだか、興味を持った点、疑問に感じた点、言語や取り上げた内容に関する気づき、グループ活動での自身の貢献度、英語を積極的に使ったかどうか、学習に対する心配や不安、その他、授業内容に関しての質問等を自由に書かせています。また、この振り返りは私と共有するので、私自身が授業を振り返って一人一人の学生の学習状況を把握する上での貴重な情報源になっています。

授業全体の振り返りとは別に、繰り返し使うタスクの場合もタスク自体のパフォーマンスを振り返らせています。前述のジグソー・リーディング活動では、私の方で自己評価の項目を決めて振り返らせています。この活動は年間を通して授業で何度も行うので、これらの評価項目に沿って自身で改善点を見つけさせ、次の発表に繋げてゆけるようにしています。回を重ねるごとに自己評価が良くなってゆくことで学生たちは上達を実感できるようです。このように、目に見えて英語で出来るCAN-DOが増えることが英語を使うことへの自信に繋がると信じています。

授業の振り返りは、日本語と英語のどちらの言語で書いてもよいことにしています。1年生の英語授業では最初は日本語で書く学生の方が多いのですが、学年末には多くの学生が英語で振り返りを書いています。これは、英語を使って積極的に自己表現しようとする意欲や自信が育ってきていることの表れだと解釈しています。

2.10 授業中の教師の観察・働きかけと授業後の振り返り

授業で様々な活動を行う中で、一人一人の学生が積極的に活動に関与（engagement）しているかどうかを教師が注意深く観察することは、授業中の学習者の自律性をサポートする上でとても大切です。学生の活動に対する関与の度合いは色々な要因に左右されます。例えば、学生が教材の内容にどの程度興味を持っているか、教材の英語やタスクの難易度は適切か、活動の目的や意義が明確か、タスクを行うために必要な英語力や事前知識は十分か、グループ内の人間関係は良好か等が関係してきます。諸々の好条件が揃うとクラス全員が積極的に活動に関与し、学習の機会も多く生まれます。教師としては、このような授業作りをするのが理想ですが、現実はそうとは限りません。積極的関与に欠けると感じた場合は、学生たちと対話をする中で問題の原因を探り、様々な足場掛けをしながら、活動に変更を加えて軌道修正するようにしています。授業案に固執すると、どうしても予定した教材や活動を時間内に終えることばかりに気をとられてしまい、学生の反応に応じて臨機応変に授業を調整することができなくなり、結局は学生たちの学びの機会を創出することができなくなってしまうからです。

グループ・ワークの際は、各グループを回り一人一人の学生が積極的に活動に関与しているかどうかを観察します。グループ・ワークが上手くいっていないグループがある場合は、何らかの働きかけや支援を行うようにしています。また、学生たちのディスカッションを聞いていて、面白い視点や普段自分から余り発言しないような学生の意見をメモしておき、クラス全体のディスカッションの時にそれらの意見を取り上げるようにしています。多様な意見をクラス全体で共有することで議論がさらに深まり、より深い内容理解に繋がると同時に学習共同体としての意識も高まると考えています。

授業後は記憶がまだ新しいうちに、授業の目標が達成できたか、どのような学びの機会を創出できたか、上手くいった活動といかなかった活動、学生一人一人の活動への積極的関与の度合い等について、学生たち自身の振り返りも参考にしながら授業を振り返るようにしています。この振り返りは学生一人一人の学習状況を把握したり次の授業を計画する上で参考になると同時に、自分の英語教師としての成長に欠かせない省察的実践過程の一部だと位置づけています。

以上が英語学習者の自律性育成のために私が行っている大学での英語授業実践です。教える文脈が違うと具体的な活動は変わってきますが、ここに挙げた自律性育成のための10の要点はどの文脈にも当てはまるように思います。多分、先生方はもう既にご自身の授業で実践しておられるかもしれません。授業の全てを変えるのではなく、何か1つ新しいことを試してみて観察してみることが大事だと思います。うまくいく場合もあれば、いかない場合もあります。“Small changes in teaching lead to big changes in learning.”（Fanselow, 2019）ということば通り、教え方を少し変えるだけで生徒達の学びの上で大きな変化が起きることがあります。ここでの私の授業実践が、先生方各自の生徒の自律性をサポートする授業作りの一助になれば幸いです。

3. 結びに代えて――新学習指導要領と自律学習

最後に、文部科学省の新学習指導要領と英語における自律学習の関係について考えてみたいと思います。2020年度より小学校、中学校、高校と漸次施行されている新学習指導要領は、急速に変化をしている社会や世界の状況を見据えて、子どもたちが将来社会で自立して生きていくために必要な以下の「学力の３要素」を育成することを目指しています。

> １．知識・技能の習得　２．思考力、判断力、表現力等の育成　３．学びに向かう力・人間性等の涵養（３．には学びを社会に生かそうとする意志や、主体性を持って多様な人々と協働して学ぶ態度等も含む）
> ［文部科学省資料］

この育成すべき学力の３本柱を英語教科に当てはめてみると、英語の知識や４技能の習得にとどまらず、それを使って何ができるか、また、その能力を社会にどう活かしていくのかという視点が重要になってきます。特に英語を使って何ができるかというCAN-DOの育成は、今後ますます重要になってくる国際共通語としての英語の役割に鑑み、枢要な観点になっています。さらに、今回の学習指導要領で特筆すべきは、学習内容を教師が「どのように教えるか」ではなく、生徒が「どのように学ぶか」という学習者の視点を明確に述べている点です。教師主導の知識伝達型の一方的な授業ではなく、生徒の「主体的・対話的で深い学び」、いわゆるアクティブ・ラーニングを奨励しています。文部科学省の資料では３つの学びを以下のように説明しています。

> ［主体的な学び］学ぶことに興味や関心を持ち、自己のキャリア形成の方向性と関連づけながら、見通しを持って粘り強く取組み、自らの学習活動を振り返って次につなげる「主体的な学び」が実現できているか。
>
> ［対話的な学び］子供同士の協働、教員や地域の人との対話、先哲の考え方を手掛かりに考えること等を通じ、自らの考えを広げ深める

「対話的な学び」が実現できているか。

［深い学び］習得・活用・探求の見通しの中で、教科等の特質に応じて育まれる見方・考え方を働かせて思考・判断・表現し、学習内容の深い理解や資質・能力の育成、学習への動機づけ等につながる「深い学び」が実現できているか。

［文部科学省資料］

これら3つの学び方に関する観点と、学力の3要素を総合的に勘案すると、以下のような目指すべき理想的な英語学習者像が浮かび上がってきます。「目標を持って自らの英語学習に主体的に取り組み、多様な考えを持つ他者と協働・対話をしながら、英語運用能力を高めてゆき、培った英語運用能力を将来自身のキャリアや社会に活かしてゆくことができるような自律的英語学習者・使用者」。この学習者像は、まさに自律学習の理念と呼応します。今回の学習指導要領で学習者の自律性育成の視点が積極的に取り入れられたことは、英語教育の質の向上や生涯学習の観点からも大変喜ばしく、今後日本の英語教育が向かうべき方向性を示していると思います。

なお、1つ注意すべき点は、アクティブ・ラーニングという名称に影響されてか、グループワーク、ディベート、プレゼンテーション等の生徒中心の言語活動が注目されていますが、これらの活動自体が「主体的・対話的で深い学び」を引き起こすわけではないということです。このような活動をしていても、生徒が行為主体者として積極的に活動に関与していなければ主体的・自律的な学びにはなりません。これらの活動を「主体的・対話的で深い学び」にするためには様々な条件を整える必要があります。前節で述べたように、教師と生徒の信頼関係、生徒同士の協働関係の構築はそのような学びを支える教育環境の土台になります。さらに、活動自体が生徒たちが興味を持つことができる内容か、生徒たちの英語力や背景知識に見合ったZPD内の活動か、生徒たちが活動を遂行するにあたりどのような言語面・内容面での準備や教師による足場掛けが必要かなど、複数の要素を注意深く考慮に入れた上で言語活動を計画することが教師にとって肝要です。そういった条件を整えた上で、生徒たちが積極的に活動に取り組んで初めて「主体的・対話的で深い学び」が可能になるのだと思います。そして、生徒たちは活動を通して英語を使って何か出来るようになったという CAN-DO の達成感や自己有能感を経験することで、学習へのさらなる意欲が沸き、自律的に英語学習に向かうのだと思います。

文部科学省が提唱している教育スローガンが単なる理念で終わるのではなく、英語教育の現場で実践されるためには、今後、全国の学校で各々の文脈にあった英語教科におけるアクティブ・ラーニングの活動を考えてゆく必要があると思います。同僚と協力し合い、授業研究をしながら自分たちの教育文脈にあった CAN-DO や言語活動を年間を通して考えて行くことが喫緊の課題だと思います。生徒たちが楽しく、そして有意義に英語を学んで自律した英語学習者・使用者になれるよう、学習を支援して行くことが私たち教師に今こそもとめられているのではないでしょうか。本書がその一助となれば幸いです。

〈謝辞〉
本稿を執筆するにあたり、神田外語大学教授小林真記氏には有益な助言をいただきました。心より感謝申し上げます。

学習者の自律性

——その起源と世界的な動向——

ジョー・マイナード

学習者の自律性（Learner Autonomy）を育てるために、英語の先生方に取り組んでいただきたい要点をまとめた本書の刊行に関われたことに、また、本稿を執筆する機会をいただいたことに感謝しています。この分野で長年、教育・研究活動をしてきた加藤聡子先生と山下尚子先生は、ワークショップや出版物、また、様々な発表や講演を通して自律学習の普及活動に取り組まれてきました。本書は、このお二人が実践してきた自律型学習者育成のノウハウの集大成であり、現在、多忙な中高の先生方が今日からでも活用できる実用的な手引書でもあります。

私自身の自律学習への関心は、1980年代、ウェールズでの自らの語学学習をしていた頃に遡ります（とは言っても、その当時、自律学習という概念はあまりよく知りませんでしたが）。後に、英語教師としてスペインで週2日のクラスを担当していた時、授業だけでは学習者の語学力を急速に伸ばすことはできないと認識しました。つまり、学習者は授業外で自分の学習に責任を持つ必要があるということに気がついたのです。そのことについてDavid Littleは以下のように述べています。

> ……学習は学習者自身でしか行うことはできません。学習者が自分の目標、学習方法、プロセスや成果を批評的に内省することにより、学習はさらに効果的なものになるでしょう。そして、そのような批判的なリフレクションを通して、学習者は現在置かれた学習環境の制限を超え、自分の持っている能力を引き出すことができるようになります（Little, 2020. p. 9）。

私自身の学習経験を振り返ってみると、ウェールズ語で歌や詩を学んだり、フランス語でペンパルと手紙を書き合い文通をしたりと、その学習方法は自分で編み出したものばかりでした。自分にあった方法で学びたいという意思が私にはあったように思います。当時の授業はシラバスに沿ったものばかりで、いわば自然発生的に行ってきた私の自律学習は先生方によって促されたものではありませんでした。こうした自身の経験からも、教育者である私たちこそが、学習者が持っている自律性をサポートするための方法を見出さねばならないと決意し、現在もそれを目標にしています。

教師の重要な役割は、学習者の興味や努力を認識し、奨励し、やりたいことが実行できるようにするために必要な自律的スキルを学習者に身につけさせ、学習者を内省プロセスに誘うことなのです。しかしながら、学習者の自律性をサポートするために教師としての必要な高い専門性を得ることは、残念ながら一般的な教員研修コースでは難しいのが現状です。本書では、生涯教育のプロセスの一環として、学習者の深い内省を促し、さらには自分の学習に責任を負うことができる学習者を育てるために、教師として何をなすべきかについて実践的なアドバイスや実例を提供しています。そのため本書は、日本における学習者の自律性育成に大きく寄与するものであると確信しています。

本稿では、まず自律学習の始まりについてご紹介します。また、この分野が国際的にどれだけ関心を集めているかについても述べていきます。そのうえで、自律学習はさまざまな領域に適用でき、あらゆる言語学習において目指すべきゴールであることを強調したいと思います。また、学習者の自律性を育成するための活動を学校で実践するにあたっての困難点にも目を向け、どうすれば教師が学習者の自律性を促すことができるかを考えてみたいと思います。

1. 自律学習の起源

自律学習は、1960年代の欧州と北米における社会人学習者の活動から始まりました。その代表的な活動の１つにフランスのナンシー大学の *Centre de Recherches et d'Applications Pédagogiques en Langues*

（CRAPEL：言語教育研究実践センター）のプロジェクトがあります。CRAPELは自己調整学習に注力した言語コース、とりわけ授業外での言語学習者をサポートするための教材を取り揃えたセルフアクセスラーニングセンターの活動に重点を置きました。この試みは、当時としては大変画期的なものでした。その教育哲学は、教師の役割は学習者が自分自身の学習を自分で管理する能力を育成することでした（Holec, 1981）。これは学習者が自己を分析し、自己表現する能力を身につけることを意味します（Jiménez Raya & Vieira, 2020）。学習者は自分の学習をコントロールすることが求められ、その結果、教師と学習者との上下関係はなくなっていきました。ナンシー大学は、現在もなお自律性に関する研究に勢力的であり、CRAPELから発行され続けてきた論文集*Mélanges CRAPEL*はすでに出版開始から50周年を迎えており、現在も高く評価されています。

「自律学習」は、1960年代後半以降に注目を集め始めた言葉ですが、その概念は新しいものではありません。英国のウォーリック大学のRichard Smithは1970年以降、書籍やレポート、学会発表論文集などを積極的に刊行している研究者ですが、自律学習の起源について次のように述べています。

> 言語教育の歴史を振り返ると、自律学習はここ最近になって専門用語として使われるようになり「主流」になりつつあるが、教師が学習者の自律性を追い求め、内省的学習を助長すること、または学生に学ぶことを教えるということは、全く新しいものではない（Smith, 2002, p. 14）。

また、Smithは、19世紀初頭の影響力のある学者たちは「自律性に関する教育学」を提唱したとも述べています。それ以前にも、Bensonは現代の自律学習の主要な要素でもある「学習者が自分の学習に責任を持つこと」を教師が補助すべきであるという教育モデルを提唱していますし、さらにその理念は18世紀におけるルソーにも見られます。

2.　自律性育成への世界的関心

私は今、自律性を育成する教育に、世界中の言語教育者がこれまでにないほどの関心を寄せていることを肌で感じています。自律学習教育学の理論をどのように日々の言語教育に取り入れるのか、それはまさに世界的な関心事です。それを裏付けるのが2020年に発行されたCRAPEL特別号です（Jiménez Raya & Vieira, 2020）。これはCRAPELが50周年を迎えるのを記念し、自律学習を牽引しているスペインとポルトガルの学者らによって編集された特別号です。この特別号には世界中の研究者や実践教育者らが寄稿しており、そのことからもこの分野が国際的に永続的かつ普遍的に拡大していることがわかります。

同じ頃、私はドイツの研究仲間とともに13の国と地域で教育実践をしている研究者からの寄稿を集め、共同監修者として世界での自律学習教育の実践を取り上げた書籍（Ludwig et al., 2020）を出版しました。各著者には、（1）それぞれの著者たちの国や文化、教育システムの中で自律学習の概念がどのように位置づけられているか、（2）学習者の自律性を育成する、もしくは妨げる可能性のある教育文化的背景、（3）著者たちが自律型学習者育成のために実践していることについて執筆していただきました。これは、ニュージーランド、タイ、イタリア、ハンガリーをはじめ、多くの国と地域でどのように自律学習教育が実践され、発展しているかを垣間見ることができる大変有意義なプロジェクトとなりました。これにより、言語学習を進めていく過程で、自律学習への視点の変化が学習者に良い影響をもたらしていたことや、また、それぞれの地域では教師が自律学習の視点を言語教育に取り入れることが当たり前になっていることも明らかになりました。しかし一方で、自律型学習者育成のハードルとなっている共通点も見えてきました。それは、教師主導型教授法、テスト中心の言語教育、そして時に、言語学習者自身の考えや信念などによるものでした。

自律学習教育の発展には常に貢献してきた地域があります。例えば、北欧諸国は自律学習教育の研究、応用、実践の現場として大きく貢献し続けている地域の1つです。中でもフィンランドは、ヘルシンキ大学の自律学習モジュール（Autonomous Learning Modules: ALMS）（Karlsson et al.,

1997）発祥の地で、ALMSは世界の他の教育機関でのお手本となっています（Benson, 2011）。ALMSでは学生が自分の学習目標を設定し、カウンセラー（アドバイザー）のガイダンスを受けながら学習者自身が個別のカリキュラムを作成します。また、メキシコのベラクルス大学では、ラーニング・ポートフォリオを用いて自分の学習を自ら選択できます（Valdivia et al., 2012）。私が勤務している神田外語大学でも、2001年から学生は自分の目標や興味に基づいたラーニングプランを設計できるエフェクテブ・ラーニング・モジュールを選択科目として履修でるようになっています（Mynard & Stevenson, 2017）。どのプログラムにも共通しているのは、学習者はラーニング・アドバイザーのサポートのもと、学習者自身が自分の学習過程と学習成果について内省できるような仕組みになっていることです。

デンマークにおいても、特筆すべき素晴らしい自律学習導入の取り組みが1980年代から学校において行われています。その中心的存在であるLeni Damたちは、様々な媒体を通じて中高等教育で自律学習を促進する意義や利点について実例とともに紹介しています。例えば、生徒が生徒自身の学習を組み立て、国が設定したカリキュラムや試験などの条件を全て満たすまでのプロセスを自身が責任を持って管理することを生徒に求める学校もあるといいます（Dam, 1995, 2003; Little et al., 2017）。

北欧では1984年に自律学習教育に熱心な研究者や教員による活動グループが結成されました。このグループは、現在も世界中から熱心な実践教育者が多く参加する夏のワークショップをヨーロッパで開催しています。社会的側面を取り入れた自律学習の定義は様々な論文でよく引用される定義の１つですが、この定義もこの北欧のグループによって開催されたワークショップから生まれました。この定義は通称「ベルゲン（Bergen）定義」と呼ばれ、このワークショップが開催された地名が入った定義としてよく知られています。

> 学習者の自律性とは、学習者のニーズや目的のために、学習者が自身の学習を管理する準備ができている状態だと見なされています。これには、社会的、そして責任ある人として、自主的に行動すること、さ

らには他者と協働することへの能力と意欲が必然的に伴います。……自律的な学習者とは、学ぶ術を知っており、自分の人生の様々なステージで遭遇するであろういかなる学習状況においても、こうした知識を活用できる学習者のことです（Dam et al., 1990, p. 102）。

この定義は、学習者のニーズと他者との協働の重要性を強調しています。また、学習を管理するためのノウハウや能力に加え、意欲についても重視しています。さらに、学習は生涯にわたって継続するものであることにも言及しています。

もう１つの自律学習の世界的中心は英国です。各国からの言語教師が定期的に集まる場所であり、毎年学会を主催するIATEFL（国際英語教育学会）の本部もイギリスにあります。IATEFLの分科会（Special Interest Group: SIG）の１つである学習者オートノミーSIG（https://lasig.iatefl.org）では、1986年から学習者の自律性への実践を積極的に推進しています。オーストリア、ベルギー、チェコ共和国、ドイツ、イタリア、メキシコ、トルコをはじめとする50か国からの会員で構成され、多くの国際会員は自律学習に関連したイベントを開催し、その多くの実績は刊行されています。

また、自律学習の研究を先導するセンターとして、AILA（国際応用言語学会：International Association of Applied Linguistics）の学術グループの１つであるLearner Autonomy Research Network（通称ReN Autonomy）があげられます。ReN Autonomyには、世界各国から500名以上の会員が在籍し、２年に１度の国際学会で学習者の自律性に特化したシンポジウムを運営しています。近年では、オランダ、ブラジル、オーストラリアなどで開催されています。

最後に、アジア太平洋地域では、ILA（自律学習学会：Independent Learning Association）が、中国、香港、日本、ニュージーランド、タイなどで、近年、言語学習における学習者の自律性に注目した学会を開催しています。

このように、言語学習において学習者の自律性を育成する動きは、世界的な広がりを見せており、日本もまぎれもなくその一翼を担っているのです。

3. 日本の動向

日本や他のアジア諸国では、ときに学習者の自律性を促進することの妥当性が問われることもありますが、この分野の専門家は、学習者の自律性の育成は、すべての語学学習において、あらゆる学習者が目指すべであるとしています。Murase（2012）によれば、日本人学生は西洋の学生ほど「外面的」にはやる気を表に出さないかもしれないが、自分流の学習方法に責任を負うことについては「内面的」にはしっかりしたものをもっていることを明らかにしました。これは私たちがしばしば耳にする、日本で推進されている「アクティブ・ラーニング」においても通じる重要なポイントです。私は、「アクティブ」な学習という言葉は、「積極的な」学習を指すだけではなく、目に見えない内面的な過程も含むと考えています。

前述したように、授業を構築する際には学習者の興味やモチベーションを考慮することが重要です。日本の学生と教師の両者を調査した研究では、教師は自分の経験をもとに学生を理解する傾向があり、さらに、自分自身が学生の時に経験した授業形式に似た教育を実践する場合もあると指摘されています（Usuki, 1999）。こうしたことからMurase（2012）は、教師は自分の状況を十分に理解するためにも、学習者の声に耳を傾ける努力をすべきだと結論づけています。

世界の動向と同じように、日本でも学習者の自律性の育成に大きな関心が集まってきています（Aoki & Nakata, 2011; Yamamoto & Imamura, 2020）。例えば、1994年に、Naoko AokiやRichard SmithたちによってJALT（全国語学教育学会）の中にLDSIG（学習者ディベロプメントSIG）が設立されました。LDSIGは活発な活動を行うコミュニティで、定期的にイベントの開催や書籍、論文やニュースレターの出版を行っています（http://ld-sig.org/）。さらに、シンポジウムの開催や書籍や論文の発行を行うJACET（大学英語教育学会、http://www.jacet.org/sig/sig-list/）にも自律学習SIGがあります。また、セルフアクセスセンターといった授業外で学習者の自律性を奨励する教育者たちを育成するコミュニティもあります。このようなセルフアクセスセンターへの関心は高まっていて、それはJASAL（日本自律学習学会、https://jasalorg.com/）の会員数の増加によっても明らかになっています。JASALは教育者、教育機関の職員、そして学習者向けにイベントを開催し、また、独自の学会誌を刊行しています。こうしたセルフアクセスセンターの設置数の増加は教育施設の設立に投資する教育機関の数が増えたことに起因しています。この動きは、言語学習における自律学習が果たす役割に対する意識が上がり、教室内外での学習者への支援の必要性があることを示していると言えます。

4. 学校における自律性の育成

自律性推進の取り組みに関しては、成人の言語教育では進んできてはいるものの、学校教育では日本の国内外問わず遅れをとっているのが現状です。こうした状況にはいくつか理由があります。まず、自律性の推進という概念は、「多くの教授法において実践されている価値観に相反する」ということがあげられます（Jiménez Raya & Vieira, 2020, p. 4）。その例として、学習スキルの体得や学習過程よりも「学習内容」に重きを置いていること、教師主導であること、また、学習の成果が「規定のカリキュラム」とリンクした「成績評価」に大きく関与していることがあげられます。

日本の内外にかかわらず、学習者の自律性の育成を教師がサポートできるかどうかは、教師が教育や学習をどのように捉えているかだけでなく、教師自身に教授法に関する決定権があるかどうかにも関わってきます。こうした問題を乗り越えていくためにも、教師と学習者の両者が自律性に対する気づきを高めることが必要であり、これこそがJiménez Raya and Vieiraが提唱する「自律性育成のための教育」なのです。本書は、まさにその第1歩として、多くの先生方の背中を押してくれるでしょう。

長年の研究と実践が示しているように、学習者の自律性の育成を言語教育に取り入れることは必要不可欠であり、またこのことはけっして実現不可能な目標ではありません。世界中の言語学習者たちの多くは、すでに自身で学習を計画し実行することを推進しています。日本はどうでしょうか。文部科学省は、アクティブ・ラーニングの重要性を明記し、それを実践するよう求めています。つまり、学習者が自分の学びに主体的に関わり、自身の学びに責任が持てるようになるためには、私たち教師の支援が求められているということです。私たち教育者は、学習者がより効率的に有意義に、そして生涯を通して学びを継続できるように、学習者の自律性を育成し、サポートをする使命があります。一部の教師はこの考えに根本的に異議を唱えるかもしれません。しかし、今、日本の教育が取り組まなくてはいけないことは、学習者が自分の学びに責任を持てるように学習者の自律性を育成することです。そしてそのための実践方法を構築していくことです。現場の教師たちは、教師主導型の授業からより自律性が育つ教授法に、また自律性を促進するためにカリキュラム作りや評価方法を改善していく必要があります。そのためにも、ヨーロッパや他国でも行われてきたように、まずは教師が自ら担当している教室でこの取り組みを始めてほしいと願っています。教師一人一人が学習者の自律性の育成に取り組むことを目標として意識的に授業を進めていくことによって、それは次第に大きな成果、教育の変革へと繋がっていくことでしょう。

本書で紹介しているような活動、例えば、学習者が自分たちの目標、興味やモチベーションについて共有し話し合うこと、そしてそれを教師が聞くこと、プロジェクトや宿題のテーマについて学習者自らが選んで決めること、学習者が自己評価やクラスメート（ピア）とのピア評価に取り組むこと、そして学習者が定期的に自分の学習について振り返る時間を作ること――これらは一見、とても小さな取り組みのように思えるかもしれませんが、私たち教師一人一人が自律性の育成に価値を見出し推進していく努力をおしまなければ、学習者は生涯にわたり充実した学びを継続することができる自律性を持ち続けることができると信じています。

（訳＝今村有里・加藤聡子・山下尚子）

第1部

学習者の自律性を促す「対話」の基本

1. 自律性を促す第１歩は「対話」

1.1 「対話」の力

学習者の自律性（学習者オートノミー）が育つとは、学習者の中で大きな「気づき」が生まれるということです。自律性を体得した学習者の多くは、その成長過程において、雷が落ちるようにはっとする、瞬間的な「気づき」を体験しています。こうした「気づき」は、学習者がそれまで持っていた価値観や人生の生き方すら変えてしまうような、大きな影響力を持つこともあります。こうした体験をした学習者は、「新しい自分」を手に入れたかのような感覚をも手にします。

これまで学習者の自律性の育成を対話を通して実施することを専門とするラーニング・アドバイザーとして、過去4000以上の学習アドバイジングセッションを実施してきた中で、学習者と１対１の対話を通して、幾度も学習者の「気づきの瞬間」を目撃してきました。その瞬間、涙を流す学生、呆然と一点を見つめる学生、瞬時に目の色が変わる学生。気づきの瞬間は、それぞれの学生のスタイルで、それぞれの来るべき時に来ます。教育者として、一度この瞬間に立ち会ってしまうと、やみつきになってしまうものです。

学習者の自律性を育成するには様々な手法があります。しかしすべての手法に共通するのは、その第１歩が「対話」であることです。学習者が自律性を体得するとは、単にスキル（目標設定、学習方法の選定、自己評価、モチベーション・時間管理など）を獲得することではありません。それは自己探求、自己成長の旅であり、そこには自分自身の成長を感じるという、この上ない喜びがあります。

対話には、驚くほど大きな力があります。そしてこの対話は、親密な人間関係があったとき、さらなる力を発揮します。

ここで、ご自身を振り返ってみてください。

「この人に言われるとぐっとくるけど、同じことをあの人に言われても、なんだかぐっとこない」ということは、ありませんか？　同じ内容を言われているのに、どうしてこのような違いがあるのでしょう。それは対話においては、人間関係がすべてだからです。相手を受け入れ、尊敬し、つながったとき、対話は大いなる力を発揮します。その力は、ポジティブにもネガティブにも働きます。

アドバイジングに来る大学生・専門学校生の多くが過去を語るとき、そこには過去に出会った先生の話が往々にして出てきます。

「ずっと成績が悪くて落ち込んでいたら、○○先生が『お前なら大丈夫だ。心配するな』と一言いってくれ、その言葉に救われました。」

「中学の時、先生が『君の英語の発音はすごくきれいだ』と言ってくれ、それ以来、英語が好きになりました。」

「志望大学を落ちた報告をしたら、すごく冷たい目で見られて、『だからあんなやり方じゃダメだと言ったんだ』と言われました。あの先生をいつか見返してやりたい。」

教師は、学生の「いい思い出」の象徴にもなり、学生の「劣等感の原因」ともなります。教師の一言で学生が奮起することもあれば、教師の一言で学生のやる気を根こそぎ奪ってしまうこともできます。学習者の自律性を育てるのは、「この先生だけは、自分をわかってくれる」と学生が思う教師です。こうした教師が学生に投げかける言葉は、その学生にとっての大きな勇気となり、自己成長への気づきを促すのです。それだけ、教師が学生に与える影響は膨大であり、だからこそ、教師はやりがいのある仕事なのです。

第１部でご紹介する〈学習者の自律性を促す「対話」の基本〉では、対話によって「この先生だけは、自分をわかってくれる」先生になり、対話によって「学習の価値観」を大きく変えるような気づきを促すためのヒントを掲載しました。本書が、現場の先生方の学生との対話になんらかの変化を及ぼすヒントとなることを願っています。

1.2　学習者の自律性とは？

「自律的な学習者」と聞いて、皆さんはまず、何を思い浮かべるでしょうか。一人で黙々と勉強する学習者でしょうか。周りの力を借りずに単独で自立している学習者でしょうか。様々な学習方法を体得していることでしょうか。自由になんでもやっていることでしょうか。自律的な学習とは、そのどれでもありません。学習者の自律性の定義には、諸説ありますが、これらを複合すると、「学習者の自律性」は以下のように定義されると言えます。

> 学習者が自らの学習におけるニーズを分析し、計画を立て、実行し、それを自己評価するという一連のプロセスを、自ら管理できる能力と責任意識（Holec,1981; Benson & Voller, 1997; Little, 1991; Littlewood, 1996; Dickinson, 1992）

何やら、たくさんのスキルを身に付けることが求められているようですが、簡単に言うと、学習者の自律性を育成するとは、自分の学習に関する意思決定を自分でできる能力を育てることを指します。つまり、自分で自分の学習を「セルフプロデュース」できる能力のことです。「学習者の自律性」とは、学習の意思決定プロセスに学習者自身が主体的に関わっているか、そこがポイントです。ただ単に言われたことをやっている学習ではなく、学習者自身が以下を認知し、試行していることが重要です。

- ・何のために（目的）、どうやって（学習方法）学習するのか
- ・学習の過程においてどのような成果が出ているのか（自己評価）
- ・なぜそのような成果が出ているのか（自己分析）
- ・自分は学習に対して何を感じているのか（内省）
- ・自分にとってベストな学習をするためには、何をどう変えればいいのか（目標・方法の再考案）

学習者の自律性が育ってくると、学習が効果的になるだけでなく、自己成長が喜びとなり、学習自体が楽しくなるのです。学習者の自律性育成に

おいては、定義された特定のスキルを体得することも重要ですが、まずは何より、「学習者が学習を楽しむ」ことがその中心にあることが大切です。

〈学習者の自律性のはじまり〉

学習者の自律性を重視する概念は、1960年代後半のヨーロッパを発端として普及しました（Gremmo & Riley, 1995）。その普及の中心となったのがフランスのナンシー大学のCRAPELと称する自律学習を促進するための施設です。このようなセンターは、セルフアクセスセンター（Self-Access Center: SAC）と呼ばれ、学習者の自律性の育成にとって大きな役割を果たすとされています（Benson, 2011; Gardner & Miller, 1999）。

自律性の育成を主眼とするSACには、様々な形態があります。しかし、理念のない単なる教材を集めたリソース・センター的なSACでは、なかなか学習者の自律性は育たないのです。どんなに設備を整えても、学習計画を立て実行する過程で相談ができる専門教員の支援がなければ、学習者の自律性を育てるのはさらに困難です（Benson, 2011）。そうした理念から、自律的な語学学習を促進するための専門教員「ラーニング・アドバイザー」の必要性が着目されはじめたのです。

ラーニング・アドバイザーは、カウンセラー、ヘルパー、ファシリテーター、メンター、またはコンサルタントとも呼ばれることもありますが、その役割は、学習者の学習に対する内省（振り返り）を、「対話」を通して育成することにあります（Kelly, 1996; Mozzon-McPherson, 2001; Mynard & Carson, 2012）。

本書でとりあげる「学習者の自律性を促す」手法は、このような語学学習アドバイザー（以下、アドバイザー）が用いている手法を、英語教師向けに応用したものです。アドバイザーは、学習者との対話を通して学習者のメタ認知能力の育成を促進し、学習者の自律性を育成する専門家です(Mynard & Carson, 2012)。一般的に「アドバイザー」というと、学習の個別指導を想像するかもしれませんが、自律学習の分野に携わるアドバイザーは、学習者に一方的にアドバイスを与えるのではなく、１対１の対話を通して、語学学習者の自律性を促すのです。

つまり、「アドバイジング」という言葉とは裏腹に、アドバイザーの基本姿勢は「アドバイスは与えない」ことであり、学習者のメタ認知能力を育成するために「質問は質問で返す」ことなのです。アドバイザーの最も大切な役割は、学習者のメタ認知レベルに応じて、学習者の内省を深める対話を学習者に寄り添いながら行うことで、こうしたアドバイザーが学習者と１対１で行う対話は、日常会話と大きく質が異なります。対話の中でアドバイザーは、学習者の内省を深め、「意識改革」を誘導するのです。このような瞬間が、学習者の学習に対する価値観を根底から変え、見違えるような成果を見せる学習者も多いのです。こうした自律学習者の育成を専門とするアドバイザーから、教師が学べることをまとめ、すぐに実践できるハンドブックとしてご提供するのが本書です。

1.3　どうやって学習者の自律性を育成するのか

「学習者の自律性を育成する」と聞くと、何やらとても難しい教育活動を行わなければならないような響きがあるかもしれません。もちろん、学習者の自律性の育成を教育現場で実施するために、様々な専門知識や教授法が存在し、「学習者の自律性」は、１つの学術分野としても確立されています。学習カリキュラムや自律学習者支援コースを通した授業内の取り組み、セルフアクセスセンターや学習アドバイジング（個別カウンセリング）を通した授業外の取り組みなど、その実施方法は様々です。

〈学習者の自律性を育てるヨーロッパの教育〉

ヨーロッパの多くの小学校では、カリキュラム、物理的な環境、教師の生徒に対する接し方において、学習者の自律性育成の取り組みが意識されています。例えば、ディベートの授業なども盛んに行われています。工場の建設、自然破壊、雇用創出など、実際の社会問題をいち早くとりあげ、子どもたちの感性や意見を磨くディベートは、小学校から実施されているのです。

ディベートの授業では、子どもたちは少人数からなるいくつかのグループに分けられ、それぞれ役割を与えられます。ディベートの題材にあわせて地元の商店街の商人、建設業者、住民などなどです。もちろん、一筋縄ではいきません。グループ内の衝突があったり、情報収集の方法がわからなかったり。それでも、自分たちで徹底的にその立場の人たちの意見を調べます。ディベート当日、会場は白熱する論議で大盛り上がりでした。それぞれの与えられた役割が、発表者に乗り移ったかように、「地域が活性化するから大歓迎！」「せっかく静かな環境に家を買ったのに大迷惑！」など、それぞれが自分達の意見と感情を論理的に戦わせるのです。

おもしろいのは、はじめから指定された手順があるわけではなく、子どもたちは、ただただ自分たちがやりたいように活動に没頭します。そして最後に、「君たちがいまやったことは、ディベートというものなんだよ」と説明をされるのです。すると子どもたちは「あ、そんなすごいことをしてたんだ！」と気づくとともに、「できた！」という自信がつきます。しかも、それは「楽しい！」という経験を伴い、「またやりたい！」というやる気を起こさせます。これはまさに、学習者の自律性を育成するプロセスです。目標を設定し、達成手段を選び、実施する過程でその手順を再検討し、成果を自己評価し、その上、学習自体を楽しんでいるのですから。

〈学習者の自律性の育成の基盤は「対話」にあり〉

学習者の自律性の育成は、こうした学習カリキュラムの中に組み込んだり、自律学習者支援コースを構築し授業内で実施したり、セルフアクセスセンターや学習アドバイジング（個別カウンセリング）を通した授業外の取り組みの中で実施するなど、その形態は様々です。しかし、どの実施方法においても共通していることは、学習者の自律性は「対話」がその基盤にあることです。ここでいう対話は、他者との対話であり、自分自身との対話です。こうした対話は意図的に内省を促す対話（Intentional Reflective Dialogue: IRD, Kato & Mynard, 2016）と呼ばれます。

こうした対話を実施するには、専門的な知識やスキルを体得していることが必要ですが、しかし難しく考えることは何もありません！　実はこうした対話は、いつでも、どこでも、だれにでもできるのです。

1.4　意図的にリフレクションを促す対話とは？

「これには、どんな意味があるのだろう。」

「どうしたら、うまくいくのだろう。」

「自分は、本当は何がしたいのだろう。」

私たちは、日常的に自問自答を行い、自己成長を繰り返しています。こうした自分自身を振り返るプロセスは、内省（リフレクション）と呼ばれ、リフレクションは学習者の自律性の育成には欠かせない要素となっています。

「学習者の自律性を育成する」と聞くと、目標設定、ニーズ分析、教材や学習方法の選択、モチベーションやスケジュールの管理、自己評価などどの学習スキルを体得すること、とついつい思ってしまいます。しかし、学習者の自律性を促すための第１歩は、「対話」です。

対話とは、自分自身と向き合うプロセスであり、深い内省を伴います。この対話を通して、学習者はこれまでにない発見をし、その発見が喜びにつながったとき、学習者は自ら主体的な学習に向かい出します。

対話には、主に２種類あります。

【自己内の対話】

自問自答による対話です。この対話は自己内で行うため、いつでもどこでも行うことができ、他者に理解できるよう論理的に整理して考える必要もなく、批判を恐れずに自由に内省することができるのが利点です。しかし、個人の価値観から抜け出して、発想を転換させることは難しく、また、話を聞いてもらったというすっきりした感覚や、他者からの励ましなどをもらうことはできません。

【他者との対話】

他者との対話では、他者にすべてを開示することは難しく、他者に理解できるように自分の考えや気持ちを説明することに、労力が伴います。また、聞き手との関係により対話の質が大きく左右されます。しかし、自己内省に比べ、他者との内省は発想の転換が促進されることが多いようです。特に、聞き手がアドバイザー、カウンセラー、コーチなど、傾聴の専門技術を体得している場合、話し手が想像もつかないような質問を投げかけられることで、これまでにない気づきや、価値観の再構築が行われることがあります。

学習者の自律性を育成するためには、それまでの学習者の発想を転換させる他者との対話が必要であり、それにより、学習者の自己内の対話をより豊かにすることが必要です。そのためにも、単なる日常会話ではなく、学習者の「振り返りを意図的に促す対話（Intentional Reflective Dialogue: IRD)」が効果的です（Kato & Mynard, 2016, Mynard & Kato, forthcoming)。

1.5 カギは「聞き手」にあり！

では、日常会話と振り返りを意図的に促す対話（IRD）がどう違うのか、見てみましょう。

あなたが同僚と日常会話をしているとします。

［例１］
同僚：最近、うちの近所にラーメン屋ができたんだよね。
あなた：へー。
同僚：それが、しょうゆ豚骨ラーメンなんだよね。
あなた：いいよね！　しょうゆ豚骨。私も大好き。
同僚：おいしいよね。
あなた：うちの近所にもあるんだよね。新しいラーメン屋！
同僚：あ、そうなんだ。
あなた：そのラーメン屋がさ、すごい行列で、今度行こうかと思ってるんだ。
同僚：そうなんだね。
あなた：何やら秘伝の出汁が有名で、東京で大成功したらしいよ。それでね……。

［例１］はありがちな会話ですが、「あなた」は「同僚」の話を聞いているようで、実は「あなた」は、「あなた」の話をしています。そして最終

的には、「あなた」は「同僚」の話を取ってしまった、という流れです。この会話を、IRDの手法を用いて再現すると、以下のようになります。

［例2］
同僚：最近、うちの近所にラーメン屋ができたんだよね。
あなた：ラーメン屋ができたんだ。（繰り返し）
同僚：それが、しょうゆ豚骨ラーメンなんだよね！
あなた：しょうゆ豚骨！（同じトーンでの繰り返し）
同僚：大好きなんだよね〜。
あなた：好きなんだね〜。いますぐにでも食べたそうな顔してるね。（感情の繰り返し）
同僚：うん、食べたいね。昔から好きでさ。学生時代を思い出すんだよね。
あなた：しょうゆ豚骨ラーメンが、学生時代の大切な何かとつながるんだね。（要約）
同僚：実はさ、部活の後いつも仲間と行っていたラーメン屋があってさ……。（自分が大切にしていた過去を話し出す）

［例2］では、「あなた」は「繰り返しのスキル」（⇒53ページ）を使って、「同僚」の発言や感情を繰り返し、自分の意見を言うのではなく、代わりに「要約のスキル」（⇒56ページ）を使って、「同僚」が言ったことをまとめました。すると「同僚」はリフレクションに入り、対話の質がぐっと変わりました。

「聞き手」が「話し手」の振り返りを促す対話を施したとき、「話し手」が語る物語には、［例1］と［例2］のような大きな違いがあります。「聞き手」の聞き方しだいで、「話し手」が想像もしていなかった考えや思いを話し出すこともあります。こうした対話を実施するには、ちょっとしたコツがあります。そのコツさえつかめれば、誰でもこうした意図的にリフレクションを促す対話ができるのです。以下、本書で取り上げる「IRDを用いて、語学学習者の自律性を促すための対話に活用する手法」を、「アドバイジング手法」と呼びます。

1.6　自律性の4つの発達段階

自律的な学習者の特徴として、まずイキイキと学習をしている、ということがあげられます。脳内が活性化されていることが、学習者の表情からも見て取れるほどです。また私たち教師も、こういった学生の潜在的な能力を引き出せたとき、この上ない喜びを感じます。

本書で紹介する対話は学習者の自律性を育成することを目的としていますが、要するにそれは、学習者の学習に対する「意識改革」を起こす、ということなのです。この意識改革は、おおよそ4段階のステージを経ることによって起きます。以下、各段階の学習者の特徴と、それぞれの段階の学習者への対応方法を記します。

図1　自律性の4つの発達段階（Kato & Mynard, 2016）

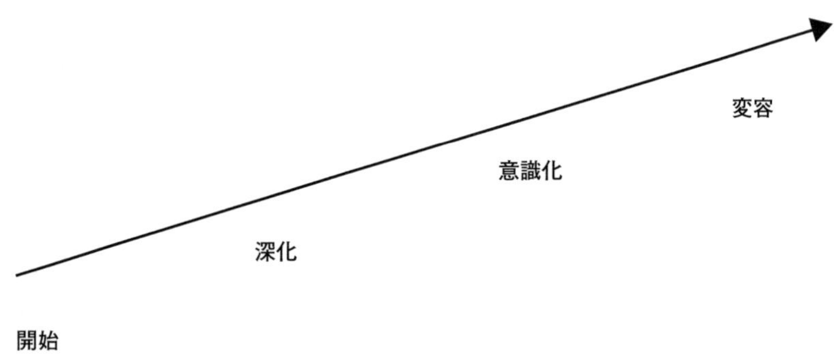

1.6.1　第1段階：開始

〈学習者の特徴〉

まだ自律性が育っていない、または自律性に対する意識が低い状態の学習者は「開始」の段階にある学習者です。メタ認知能力があまり働いておらず、学習に対して主体的にかかわる傾向は見られず、基本的に他人に指示を仰いだり、頼ったりしようとします。

［例3］（学習者）
「先生、何をすればいいですか？」
「1日に、何ページやればいいですか？」

こうした「開始」の段階の学習者の特徴として、問題に対する手っ取り早い答えがあると信じ、他者にその答えを求めるということがあげられます。また、深い自己分析をした様子がなく、他者から指示をあおぎ、その指示に対しても大きな疑問を持つことがあまりありません。

〈対応方法：質問を質問で返す〉

では、「開始」の段階の学習者に対して、教師・アドバイザーは何ができるでしょうか？

それはズバリ、「受けとめる」です。教師としては、すぐに答えや提案を提供したくなりますが、ここはまず、いったん学習者の声に耳を傾けます。そして、学習者の質問に、質問で返すということを試みます。

［例４］
学習者：先生、何をすればいいですか？
教師：君は、何をすればいいと思う？

学習者：１日に、何ページやればいいですか？
教師：君にとって、１日にやれるページ数はどれくらい？

学習者の質問に質問で返すというのは、慣れないとなかなかできないかもしれません。しかし、ぜひ、試してみてください。思わぬ反応が学生から返ってくることがあります。なんらかの返答が返ってきたら、しめたものです。ぜひ、フォローアップする質問をして、学生の内省を深めてあげましょう。

［例５］
学習者：先生、何をすればいいですか？
教師：君は、何をすればいいと思う？
学習者：えー、私は単語からだと思っているんですけど……。
教師：単語からなんだね。それはどうして？
学習者：うーん、成績のいい子はみんなそうしているから。

教師：なるほど。成績のいい子を参考にしているんだね。彼らはどうやってやっているの？

学習者：みんな、○○という市販の単語帳をやっています。

教師：そうなんだね。君もやってみたいの？

学習者：やりたいけど、みんなのマネをしているみたいで嫌です。

教師：マネをするのが嫌なんだね？

学習者：うーん……。（内省が始まる）

上記の例は、「先生、何をすればいいですか？」の学習者からの質問を、教師・アドバイザーが質問で返した例です。この対話は、教師・アドバイザーが端的に「これをやればいいよ」と最初から提案をしていたら、学習者のオートノミーを育てる対話にはなりませんでした。

1.6.2　第2段階：深化

〈学習者の特徴〉

「開始」の段階の学習者に比べて、「深化」の段階に入った学習者のメタ認知のレベルには、次のような変化があります。この段階になると、多くの学習者は自分の感情に目を向けるようになります。そして、学習の中で様々な自己発見をし始めます。その気づきは、ポジティブなものもありますが、「これでいいのだろうか？」という不安や疑問も同時に持つようなこともあります。

［例6］

学習者：「毎日単語を10個、コツコツ覚える」と決めたのですが、最近、これって本当にいいやり方なのか、疑問に思ってきました……。

［例7］

学習者：友達が、１日に３時間は勉強しないといけないって言うのですが、自分にはどうしてもできないんです。どうしたらいいのか、わからなくて……。

このように、学習者は自分の学習を振り返ることをはじめ、その過程において、何らかの疑問を持ち始めます。その多くは、学習者の「感情」を伴うものです。学習者の自律性の育成という観点から、これは大きな成長と言えます。しかし、この段階の学習者は、気づきはあれど、まだ具体的な対応策は探せない状態にあります。

〈対応方法：学習者をよく観察し、質問する〉

「深化」の段階にある学習者を前にすると、教師としては、すぐに解決策を提案したくなります。「１日単語を10個覚えるのがきついのなら、２日で10個にしてみたら？」とか、「３時間が難いしなら、２時間にしてみたら？」などです。しかし、学習者の自律性を育てるには、ここは「忍耐」です！　なぜなら、学習者はまさに今、劇的な変化を遂げようとしているからです。教師として、この段階の学習者に対してすることは、提案をすることではなく、「よく観察する」ことです。そして、観察したことをもとに、学習者の内省を促す質問をすることです。

では、何を観察するのでしょうか？

１つ目は、学習者が発する言葉（言語メッセージ）です。繰り返し使われる言葉、発するときに何らかの違和感を覚えたり、学習者の感情の変化を感じる言葉です。こういった言葉は、学習者の言葉をよく観察しないとつかめません。

［例８］

教師：さっきから、「順番が大事」って何度が言っているけど、どうして、順番が大事なんだろう？

上記のように、学習者が繰り返し発した言葉を敏感に気づき、その奥になにかあることを教師は察します。そしてすかさず、キャッチした言葉を掘り下げる質問をするのです。また、以下の［例９］のように、さらに多角的に内省を深めるために、比喩をつかった質問も効果的です。

［例９］

教師：ストレスを感じるって言っているけど、あなたのストレスって、どんな感じなのかな？　何か比喩で表現できる？　大きな岩がのしかかっているとか、崖の淵のギリギリを歩いている感じ、とか。どんな感じだろう？

学習者に、こうした自分では投げかけないであろう質問をすることが、学習者の視野を広げることにつながります。

１つ目は、学習者が発する言語に着目する、と言いましたが、２つ目に観察することはなんでしょう。それは言葉以外の表現、つまり非言語メッセージです。

［例10］

教師：英語は好きって話をするときは、本当に表情が輝いているのだけど、課題がプレゼンとなると、急に表情が曇る気がするのだけど、どんな感じなのかな？

［例11］

教師：言葉では、「自分の勉強に満足しています」って言ってくれたけど、それを言っているあなたの表情から、満足しているようにはどうにも見えなくて……。本当に満足している？

上記のように、学習者の非言語メッセージをとらえるには、「ん？　何かひっかかるぞ？」という、「教師の勘」が必要です。この勘を使うには、勇気がいりますし、リスクを取る必要もあります。自分の勘が当たれば、成功ですが、外れることもあるのです。もし、勘が外れたらどうしましょう？　その時は、素直にあやまりましょう！「あ、そうなんだ！　ごめんね！」と。そして、「じゃあ、本当はどうなの？」と聞けばいいのです。勘を使い、外れることで「何が違うのか」がわかりますし、素直に謝ることで、学習者との信頼関係も生まれます。

1.6.3　第３段階：意識化

〈学習者の特徴〉

「意識化」の段階にある学習者の特徴は、自分の学習プロセスに対して、より深い内省ができるようになることです。「深化」の段階の学習者は、気づきはあっても具体策が見つけられないことに対して、「意識化」の段階に差し掛かった学習者は、解決策を探しはじめます。

［例12］

学習者：この本の内容は好きなんですけど、どうしても進まないんです。どうしてかな、と考えて。そうしたら、以前、オーディオブックを使ったことを思い出して。あの時は、けっこう難しい内容でも、ついていけたし、楽に１冊が終わったんです。もしかしたら、私は音声をもっと使って勉強した方がいいのかな……。

［例13］

学習者：私は夜型人間だと思っていたんですが、最近、実は夜の方が効率が悪い気がしています。もしかして、実は私は朝型なんじゃないかと思うんです。勉強時間を変えてみようかな……。

上記のように、学習者は自分の学習に関して何かをつかみ始め、自分なりに解決策を考え始めています。「先生、どうすればいいですか？」の依存的な始動期に比べると大きな進歩です！

〈対応方法：発想の転換と行動の促し〉

「意識化」の段階にいる学習者に対して、教師はどう接すれば学習者の自律性を育成してあげられるのでしょうか。それは、「発想の転換を促す」質問をどんどんと投げかけることです。しかし、いきなり発想の転換をさせようとしても、そうそううまくいきません。ある程度の下準備を教師側がしてあげる必要があります。

まずは、自己分析を促します。

学習者が自分の学習について、単に思い返すだけではなく、分析ができるような質問を投げかけましょう。例えば、「どういう時に集中できるの？」「やる気が落ちる時のパターンはある？」など、学習者がこれまでの学習パターンなどを深く振り返ることを促しましょう。

次に、理由づけを促します。

学習パターンがわかってきたところで、「なぜそれが起きるのか？」について、本人なりの理由を見つけてもらいます。例えば、「週末はあまり勉強ができていないと言っていたけど、それはどうしてだろう？」や「英語に自信がないのはなんでだろう？」などです。

そして、いよいよ発想の転換です。

学習パターンがわかり、その理由付けができるところまできたら、次は、その理由自体を問うのです。「週末に勉強ができないというけど、そもそも週末は絶対やらないとダメなの？」のように逆説的に質問をしたり、「成功した10年後の自分が今の自分を見て何か言うとしたら、なんというかな？」など視点の転換を促す質問が有効です。

また、「意識化」の段階の学習者に多いのは、気づきは高くなっているものの、気づきを行動に移せずにいるというものです。「意識化」の段階にある学習者に必要なのは、発想の転換だけでなく、実際に行動をとるということです。行動を起こすことによって気づきは確信となっていきます。

1.6.4　第4段階：変容

〈学習者の特徴〉

さて、いよいよ最終段階です。自己分析ができるようになり、自分の行動に対する理由付けができ、そのうえで発想の転換ができはじめた学習者は、変容、つまり意識改革の段階に入ります。

［例14］

学習者：自分にとって効率的な単語の覚え方は、わかるようになりました。でも、まだやっぱり単語の勉強には時間がかかります。ただ、自分のパターンとして、このキツさを乗り越えれば、楽になることがわかるので、あと一息、やってみます！

［例15］

学習者：いろいろ試しましたが、私にはどうしても７時間の睡眠が必要です。なので、睡眠時間を削る学習計画ではなく、まずは睡眠時間を確保して、勉強時間を配置するようにしました。この方法だと、体調も気分もとてもいいんです。

この例が示すのは、まさに自律型学習者が持つ特徴です。学習上の問題にぶち当たったとき、自分の性質、これまでのプロセスを冷静に分析し、俯瞰し、その結果をもって、その問題に対処する。そして、重要なのは、その過程において、自分の感情やコンディションを大切にしている、ということです。自律型学習者とは、単に学習に対するスキルや知識が高い学習者を指すのではなく、自分自身を幸せにするための学習ができる学習者を意味するのです。

〈対応方法：充実感、全体観の把握を促す〉

このように変容の起きた学習者を目の当たりにすると、もう教師としては「やることはない」と思いがちです。彼らに任せておけばいい、と。しかし、彼らがいくら高い自律性を持っていても、問題が起きないわけでも、成長が止まったわけでもありません。彼らには彼らの悩みがあり、また、この段階の学習者はさらなる高みを目指すようになります。このような段階にいる学習者を、教師としてはどうサポートすればいいのでしょうか？

まずは、「全体観」を把握する手伝いをするといいでしょう。ここまで、どうやって登りつめたか。どんな困難を、どのようにして解決し、進んできたか。一緒に振り返りましょう。

［例16］

教師：君は本当に成長してきたよね。入学当時のこと、覚えている？今までの学習の中で、一番印象に残っているできごとは何？

もし、あなたが教師として、その学生を長期間知っていたとしたら、具体的なエピソードを持ち出すと、さらにいいでしょう。

［例17］

教師：１年生の時に会った時は、「自信がない、自信がない」ってずっと言っていたよね。覚えてる？

最初の TOEIC の時は、緊張して、マークシートの記入場所を間違えて、すごい点数を取ったよね！　あそこから、本当に頑張ったよね！

このような会話は、単なる思い出話ではありません。長期的な振り返りを行うことで、学習者は自信をより確実なものとすることができます。どんな困難を、どんなふうに乗り越え、その時自分は何を感じたのか。こうすることで、学習者は達成感を覚えます。

この達成感は自律性を促すうえで、大変重要なものです。特に日本人は、謙虚さからか、この達成感を味わうステップを飛ばしてしまうことが多くあります。１つ目標を達成すると、すぐに次の目標を見てしまうのです。自律性の育成においては、１つの目標を達成した後こそが、重要なポイントです。この時に、学習者が達成感を味わえるプロセスを、十分に体験させましょう。この達成感こそが、学習者の自信となり、次へ進むやる気となるのです。

1.7　まとめ

意図的な対話によって、学習者の自律性はどのように成長するかを、４つの段階（開始、深化、意識化、変容）の段階にわけて、説明をしてきました。そして、それぞれの段階にある学習者の特徴、その時の教師の対応方法について述べましたが、もちろん、この４段階はまっすぐ一方向に進むものではありません。行ったり来たりをしたり、飛び級をしたり。また、この４段階は明確に線を引いて分けられるものでもありません。

しかし、（１）学習者の自律性の成長には、段階があること、（２）その段階には顕著な特徴がそれぞれあること、そして（３）教師としてそれぞれの特徴に対応する方法があることが念頭にあるだけで、みなさんの教師としての引き出しは、より豊かになるかもしれません。こうした少しの気づきが教師としてあるだけで、学生との対話の質は変わり、こうした対話を重ねることで、きっとあなたは、その学生にとっての「この先生はわかってくれる」という、さらなる特別な先生になっていくことでしょう。

ここがポイント！

- 「対話」には、人生を根底から変えてしまうような、大きな力がある。
- 自律性育成の第１歩は、「対話」にあり！
- 自律性を促すには、「意図的に振り返りを促す対話」が効果的。
- 「聞き方」次第で、相手の気づきは大きく変わる！
- 「なんのために」「何を」「どうやって」を自分で認識していることが、自律性育成のカギ。
- 学習者の自律性の成長には、段階がある。それぞれの段階で、教師が何ができるか。これを知っているだけで、対話の質が変わる！

2. 学習者の自律性を促す12の対話スキル

学習者の自律性の育成の第１歩は「対話」です。ではいったいどういった対話スキルを使えばよいのでしょう。

以下、今日からすぐできる学習者の自律性を促す12の対話術をご紹介いたします。この12のスキルは「傾聴し、受け止めるためのスキル（５つ）」と「発想の転換と問題解決を促すスキル（７つ）」に分けられます。

〈傾聴し、受け止めるためのスキル〉
（１）繰り返し　（２）言い換え　（３）要約　（４）共感　（５）褒める
〈発想の転換と問題解決を促すスキル〉
（１）俯瞰　（２）比喩　（３）直感　（４）パワフル・クエスチョン
（５）挑戦　（６）経験の共有　（７）責任意識の強化

本書で紹介する12のスキルは、学習者の自律性の育成を専門的に行う専門家であるラーニング・アドバイザー（アドバイザー）が、学習アドバイジングにおいて活用しているスキルです。しかし、これらのスキルは学生との１対１のアドバイジングに限らず、授業内外の教育活動、学生との面談、そして日常生活に至るまで、様々なシーンで活用することができるのです。つまり、こうしたスキルを意図的に使うことで、だれでも、いつでも、どこでも、学習者の自律性を育成することができるのです。

2.1　傾聴し、受け止めるための５つのスキル

学習者の自律性を育成するには、学習者自身が自分と向き合う必要があります。こうしたリフレクションを繰り返すことで、学習者は真の問題を明らかにすることができるのです。こうした対話を他者と行うには、学習者は自己開示をしていく必要があります。

しかし、聞き手と話し手の間に親密性がなければ、自己開示などできません。教師の我々も、良く知らない他人に自分の本音を語ることなどないように、問題を抱えた学習者はいっそうガードが固いのです。そこで、アドバイザーがまずすることは、学習者との信頼関係の構築です。通常、信頼関係の構築には時間がかかります。しかし、プロのアドバイザーは最初のセッションで、学習者との信頼関係を意図的に構築することを試みます。

最初にご紹介する５つの対話スキル（繰り返し、言い換え、要約、共感、褒める）は、セッションの冒頭、５～10分間、頻繁に使われます。これらの５つのスキルは、話し手に「聞いてるよ」というメッセージを送るための傾聴方法であり、話し手との心理的距離を近づけ、親密性の構築のために用いられます。

2.1.1　繰り返し

繰り返しとは、学生が言ったことや、学生の置かれている状況を学生本人がより強く認識できるようにサポートするためのスキルです。学生の「鏡」になったように、相手の発言をそのまま繰り返します。話し手と聞き手の間に同調性が生まれやすくなり、対話のペースがつかみやすくなります。

〈内容と感情の繰り返し〉

繰り返しのスキルには２つのポイントがあります。まずは、「何」が「どうした・どうである」ということを中心に、「発言の内容」をそのまま繰り返すスキルで、もう１つは話し手の「感情」を繰り返すスキルです。

［例18］
学生：昨日は、２時間勉強したんですよ。
アドバイザー：２時間勉強したんだね。（内容の繰り返し）

学生：でも、周りの人が何時間も勉強してるって聞くと、焦るんです。（不安な感じの声のトーン）

アドバイザー：そうか、周りの人が何時間も勉強してるって聞くと、焦るんだね（同じような不安な声のトーンで感情を繰り返す）。

単なるオウム返しのように見える対話ですが、アドバイジングにおいては、このスタートが肝心となります。なぜかというと、繰り返すことで、学習者は、自分自身との対話を始めるからです。

〈繰り返しがない対話との比較〉

通常、私たちの日常会話では、繰り返しを使うことはほとんどありません。上記の内容も、繰り返しを使わないと以下のようになります。

学生：昨日は、２時間勉強したんです。

教師：何をやったの？（繰り返さず、すぐ質問に入る）

学生：えっと、先生に勧められた単語帳です。

教師：２時間でどれくらいできた？（繰り返さず、すぐ次の質問に入る）

学生：５ページくらいです。

教師：２時間で５ページは少ないよね。もっと効率的にやる方法があるから、そっちでやってみたら？（教師は学習者の説明を聞かずに、自分の意見を言う）

上記のように、対話の中で繰り返しを行わないと、対話のスピードは早まり、往々にして聞き手が次の質問をどんどんすることになります。そして上記の対話では、「学習者の感情」が置き去りにされています。そうした対話の中には、学習者の自律性が育つ要素はほとんどありません。

〈繰り返しの効果〉

では、対話の中に繰り返しのスキルを入れると、どういった変化が起こるのでしょうか。先ほどの例をあげて見てみましょう。

［例19］

学生：昨日は、２時間勉強したんです。

アドバイザー：２時間勉強したんだね。

学生：でも、周りの人が何時間も勉強してるって聞くと、焦るんです。

アドバイザー：そうか、周りの人が何時間も勉強してるって聞くと、焦るんだね。

学生：はい、どんなに勉強しても、これでいいのか……って思ってしまって。

アドバイザー：どんなに勉強しても、これでいいのかって思うのか。

学生：すごい不安なんです……。また失敗するんじゃないかって。

アドバイザー：すごい不安なのか。失敗するかもしれないって。

学生：……なんでこんなに不安なんだろう……。（リフレクションがはじまる）

上記の例で、アドバイザーは学習者の発言を繰り返すことしかしていません。しかし、その繰り返しを行うことで、学習者は自分の発言を再認識するとともに、アドバイザーが「聞いてくれている」という感覚を持ちます。こうした安全な空間が教師と学習者の間に確保されると、学習者はおのずと自己内省をはじめるようになります。繰り返すだけで、対話の質がガラリと変わるのです！　繰り返しのスキルはそういった意味で、学習者の自律性を育成する対話のスタートに欠かせない重要なスキルなのです。

2.1.2　言い換え

学生が言ったことをそのまま繰り返すのではなく、別の言葉で言い換えるスキルも重要です。言い換えを行うことにより、学生は自分の発言内容を再確認したり、また少し違った視点で内省しやすくなります。また、教師が学生の発言内容を確認するのにも効果的です。

［例20］

学生：僕は飽きっぽくてなんでも三日坊主です。やる気のある時だけしか、勉強がはかどらないんです。

教師：なるほど。あなたは自分の勉強に対するやる気のオンとオフをしっかりと把握しているんだね。

ここで気がついていただけたと思いますが、教師は単に言い換えをしているだけでなく、状況をよりポジティブな側面から見て、言い換えをしています。そうすることで、学習者が自分の発言を少し違う視点から捉え直すことを促します。言い換えをすることは、相互理解の促進にも繋がります。適切な言い換えをすることで、話し手は聞き手が「理解しながら聞いてくれている」という感覚を得ることができます。

2.1.3　要約

内省的な対話をするにあたり、非常に重要なのが要約のスキルです。学生が伝えたいことを教師が的確に把握し要点をまとめると、学生は「自分のことを理解してくれている」という安心感のようなものを得ることができます。また、要約することで、教師自身も論点を明確にすることができるのです。

「要約」のスキルを的確に使うためには、前述の「繰り返し」や「言い換え」のスキルをしっかり使い、あらかじめ主要なポイントを抑えながら対話をしておくと効果的です。要約をすることで、聞き手に「聞いているよ」というメッセージが伝わります。また、対話を双方向にし、内容を確認することができます。

〈要約をするタイミング〉

要約するタイミングとしては、以下があげられます。

（1）学生が一方的に話し続けているとき

学生の話が長くなり、いったん話を止めたいときに要約を使うと効果的です。これにより、対話が双方向になり、そこまでの話の共通理解を確認することができます。「なるほど。いろいろ教えてくれたから、ここまでの話をまとめてみようか」など、要約をすることをあえて強調して行うこともいいでしょう。また、要約をする際に言葉で表現された内容だけではく、表情やしぐさなどにも着目すると、話し手は聞き手に対して「よく聞いてくれている」という印象を持ち、相互理解が促進されます。

（2）気づきを促す質問をしたいとき

対話の中でパワフル・クエスチョン（⇒61ページ）を投げかけ、学生の気づきを促したいとき、その直前に要約をすると効果的です。そうすることにより、パワフル・クエスチョンで質問する内容の背景が明らかになり、より深い内省を促せるようになります。

〈要約をするときの注意点〉

要約をするときに注意することは、「先走って結論を出さない」ことです。例えば、以下の発言を学生がしたとします。

［例21］

アルバイトを週５日やっています。宿題もたくさんあって、毎日忙しいです。なんか最近はTOEICの勉強が続かないんです。

ここで、「アルバイトと宿題で毎日忙しいから、勉強が続かないんですね」と要約したとします。しかしこれは、「先走りの結論」です。なぜなら、たとえその予測が正しかったとして、それは学生が関連付けた内容ではないからです。上記の要約では、日々の忙しさとTOEICの勉強がはかどらないこととの関連性は学生自身が気づいているのではなく、聞き手が結論づけているからです。

学習者の自律性を育成するには、あくまで学生の気づきを促すことを第一に考えます。ですから、要約する際は、あくまで学生の発言をベースに行い、聞き手の「先走りの結論」は入れないようにしましょう。

2.1.4　共感

学生の視点に立って学生の気持ちを理解し、アドバイザーが「理解している」という状況を学生に伝えるためには共感のスキルが役立ちます。共感によってアドバイザーと学生の間の心理的な距離が近づくので、共感は内省的な対話を促進するためには必要となるスキルです。

さて、ここで考えていただきたいのは「同情」と「共感」の違いです。この２つは似ているようで、違うのです。同情は自分の価値判断で、相手に対して一方的に感情移入している状態です。つまり、あなた自身の感情です。一方、共感は、相手との双方向の確認・同意に基づいて、現実感を共有することです。つまり、相手がどう感じているか、状況をどう見ているか、相手の感情を理解することです。

［例22］

〈同情の例〉

うわぁ、たいへんねぇ！　睡眠時間もないなんて、かわいそう。私だったら、疲れちゃってできないわ。

〈共感の例〉

慣れない生活環境で、バイトもして、睡眠時間もあまりない。その中で、これだけの課題を毎日こなしているのは、本当に目が回るよね。

上記のように、同情は聞き手の話し手に対する一方的な感情であり、「かわいそう」などの感情を伴います。

一方、共感は、聞き手の一方的な見解や感情ではなく、相手の立場や状況に自分を置き、そこから見える景色を共に見て、その感情を理解することです。

傾聴の中に同情的な要素が強くなると、対話が感情的になり、両者がその感情に浸り、前に進むことができなくなることがあります。自律性を促す対話では、同情よりも共感というスタンスでいきましょう。

2.1.5　褒める

「傾聴し、受け止めるための５つのスキル」の最後は褒めるスキルで、最初の５つのスキルの中でも最も重要なスキルです。

では、ここで質問です。「最近、あなたは誰に何を褒められましたか？」

この質問をされて、なかなか思いつかない方も多いと思います。子どものころは、何をしても褒められるという経験をしますが、大人になるとなかなか褒めてもらう機会はありません。こうした「自分はあまり褒められていない」という経験は、「人を褒める」機会を少なくしてしまいます。また、日本人の国民性として、「褒めるより褒められたい」というのもあります。

日本人は褒めるのがあまり上手ではありません。私たちは遠くの人を褒めることは簡単にできます。しかし、自分の席の隣の同僚、家族など、自分に近ければ近いほど、褒めるのが難しいのです。「イチロー選手はやっぱりすごい！」は簡単に言えても、母親に「お母さんのおにぎりは世界一だよ」が簡単に言えなかったりします。

「褒める」とはスキルです。学習者の自律性の育成において、「褒める」ことは非常に大切です。褒めるとは単に「すごいね！」「よくやったね！」という肯定的なフレーズを投げかけることではありません。思ったことだけを自然に発しているうちは、褒めの達人にはなれません。意識的に相手を観察していいところを見つけ、自分にしか投げかけられない言葉を心を込めて言うことが大切です。

褒めるためには、教師は学生をよく観察することが必要です。そして褒める根拠をしっかりと言えることが重要です。究極の褒める言葉は、ある特定の教師からある特定の学生へ向けられたものです。誰にも使いまわしできないような褒め言葉は、学生の心に深く刻まれます。

学習者の自律性を育成するには、教師が誰にも使いまわしができない「褒め」を学生に投げかけられるようになること、そして、そのためにも教師自身も「褒められること」に慣れることが大切です。

2.2　発想の転換と問題解決を促す７つのスキル

「傾聴し、受け止めるための５つのスキル」が話し手との人間関係構築やリフレクションの基盤となるとしたら、「発想の転換と問題解決を促すスキル」は、問題を多角的にとらえ、具体的な問題解決を目指すためのスキルです。

2.2.1　俯瞰

視野を広げ、より全体的な視点から学習者が問題点を見ることができるようサポートするのが俯瞰のスキルです。語学学習のプロセスにおいては、学習者は袋小路に迷い込んだ状態になることがあります。そういった状況の時、発想の転換を促すのが、この俯瞰のスキルです。俯瞰とは、全体の中の一部として問題を捉え直したり、「もう一人の自分」が自分を見るとどのように見えるかなどを、自分自身を客観的に見ることです。

俯瞰のスキルを使うときは、以下のような質問をします。

（1）問題を大きな視点でとらえる

「単語を１日10個覚えることと、○○さんが最終的に目指す英語力とは、どのようにつながっていると思う？」

（2）時間的な枠を広げる

「10年後に大成功した自分から、今の自分にメッセージが来るとしたら、どんなメッセージ？」

（3）関連性のないものをつなげる

「いい水泳選手になるのと、英語で学習成功者になるのと、何か共通することはありそうかな？」

2.2.2　比喩

自分の置かれている状況や自分の学習について、比喩などの例えを用いて表現するのが比喩を使ったスキルです。シンボルやイメージで表現することで、自分の状況を客観的に見ることができたり、伝えやすくなったりすることがあります。

［例23］

教師：これまでの学習を何かに例えるとしたら？

学習者：うーん、マラソンかな……。
教師：マラソンでいうと、今どのへんですか？
学習者：20キロ地点。喉が渇いて、ようやく給水ポイントに来たって感じです！

日本人の学習者の多くは比喩をつかって現状を表すことにあまり慣れていません。教師が対話の中で比喩を使うと、一瞬「これは何？」という表情をする学生もいます。しかし、多くの場合、比喩を対話に導入することで、学習者の空想世界に入ることができ、学習者のことがより具体的にわかるようになります。何より、比喩は対話に笑いをもたらします。また、同じ比喩を、事後のセッションで使うと、より二人の親密性が上がります。「この前は20キロ地点の給水ポイントだったけど、ちゃんと給水できた？　いまはどこら辺？」など。こうした、二人にしかわからない対話のトピックがあることで、学習者の教師への親密度、信頼度が向上します。

2.2.3　直感

教師自身の直感を用いて、セッションの流れを変えるスキルも重要です。リスクを伴いますが、直感の説得力がむしろ強いケースもあるのです。直感を生かすには、深いレベルで学習者に傾聴していなければなりません。セッション回数が少ない学習者とは、「直感で思うことがあるのだけど、言ってもいいかな？」と許可を取ると、リスクを軽減させることができます。

［例24］
「さっきからずっと、迷っていると言っているけど、本当はもう自分で答えが出ているのではない？」
「勉強が続かない原因って、本当は○○だからじゃない？」

2.2.4　パワフル・クエスチョン

パワフル・クエスチョンと呼ばれるYes/Noでは答えられない価値観に迫る質問をし、学習者の内省を促すことも重要なスキルです。質問を投げかけ、そこに「沈黙」が一瞬生まれたら、それは学習者が自分自身の中で、質問を振り返り考えている証拠です。このような質問により、学習者は自分の内部に意識を向けたり、現状をよりよく把握できたり、将来ビジョンがはっきりとすることもあります。

［例25］

「もう一度、すべてをやり直せるとしたら、どうやってやりたい？」

「○○さんにとって、『英語を勉強する』って、どういう意味を持つのだろう？」

〈質問の順番が大事〉

パワフル・クエスチョンを投げかけるときに気を付けたいのが、質問をする順番です。対話の最初から「なぜ？」「どうして？」という核心に迫る質問をしてしまうと、学習者は自己防衛や言い訳のスタンスを取ることがあります。学習者を追い詰めず、適切なパワフル・クエスチョンを投げかけるためには質問の順番が大切です。

では、学習者の自律性を育成するには、どのような順番で質問をすればいいのでしょうか。

まず大切なのは、学習者をいきなり追い詰めないということです。ですから、答えやすい質問からはじめ、徐々に質問の強さを上げていくとよいでしょう。その際、次の図に示した質問の順番ピラミッドを用います。ピラミッドの頂点は、一番パワフルな質問、下に行くほど質問の強さは弱まり答える負荷は下がります。ですから、質問は下から上に向かってしていくことがお勧めです。

では、このピラミッドを使うと、どうのように学習者のリフレクションを促すことができるのでしょうか。

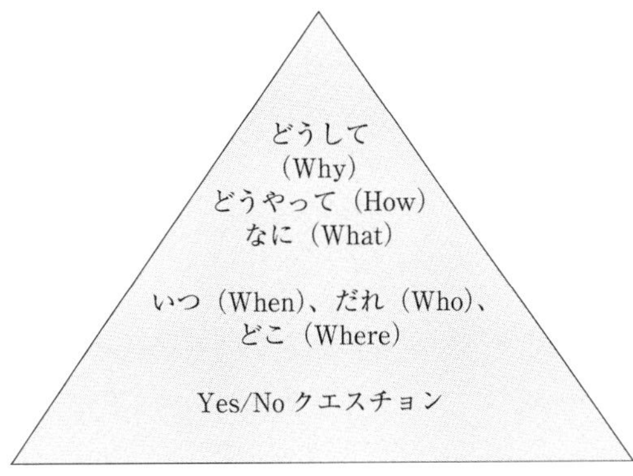

［例26］

教師：学習は計画通りに進みましたか？（Yes/No クエスチョン）

学習者：いいえ、時間がなくて、ぜんぜん集中できませんでした。

教師：ぜんぜん集中できないのは、どんなとき？（When クエスチョン）

学習者：えーと、家で夜遅くまで勉強しようとするときです。

教師：何が原因で集中できないんだろう？（What クエスチョン）

学習者：考えてみたら、自分の部屋の机の前に座ると、集中力が落ちるような……。

教師：そのとき、どんな気分になるんですか？（How クエスチョン）

学習者：自分の部屋で勉強を始めると、また失敗するんじゃないかって気持ちが湧いてくるんです……。

教師：そうなんですね。計画通りに進まないと言っていましたが、本当のところ、なぜ、そうなったと思いますか？（Why クエスチョン）

学習者：うーん。もしかして……。（深いリフレクションが始まる）

上記の例は、教師が学習者のリフレクションを促すために、答えやすい質問を投げかけ、段階を経て学習者が自己発見をすることを促しています。最初から「なぜ？」と聞いてしまうと、学習者の中には「言い訳」をしたり、自己弁護に走ってしまう人がいます。それでは、学習者の自律性を育成することはできません。だからこそ、学習者が自分の状況を把握できるよう、質問の順番を配慮することが大切です。上記のように、質問の順番を変えるだけで、学習者から返ってくる反応はまったく違うものになります。ぜひ、試してみてください。

2.2.5 挑戦

学習者が目標を設定するときなどに、学習者が想定していないことをあえて提案するのが挑戦のスキルです。挑戦のスキルの主な目的は、学習者が実行可能な目標を立てることをサポートすることです。そのため、アドバイザーはあえて無理な提案をし、学習者が新たな逆提案をすることを促します。挑戦された学習者の反応としては、（1）受け入れる、（2）拒否する、（3）他の提案をする、が想定できます。

［例27］

学習者：１日に30個、単語を覚えようと思います！

教師：１日30個、１週間で150個ね。それなら、１日50個、１週間で250個はどう？

学習者：え？！　250？！　無理です。150個も無謀かも。１日10個にして、その代りちゃんと復習します。

上記の例は極端ですが、学習者が現実的でない計画を立てようとしている場合、「そんなのは無理だよ！」と教師が指摘するのではなく、学習者自身に気が付いてもらうためのスキルが、挑戦のスキルです。

モチベーションが非常に高く、無理な学習計画を立てようとしている場合、上記のようにさらに高い、あからさまに現実的ではない提案をしてみたり、逆に、モチベーションが非常に低い学習者に対して、より簡単な課題をあえて提案する、という場合もあります。

挑戦のスキルは、あまり頻繁に使うものではありませんが、教師が直接何かを指摘するのではなく、学習者の気づきを促すのに有効な場合があります。

2.2.6　経験の共有

教師自身の経験を、学習者にシェアしてもらうスキルが経験の共有です。学習者と似たような体験を教師がしていることで、学習者は教師に親近感を持ったり、自分だけが悩んでいる問題でないことを知ることができます。そのため、教師は、第二言語の習得法に関してノウハウを知っているだけでなく、自身も他言語の学習経験や多彩な経験があることが望ましいのです。

［例28］

学習者：あ～もう、いくらやっても単語が覚えられる気がしないです……。

教師：わかる、わかる。私も学生時代、同じ気持ちになったことがあるよ。

学習者：え？　そうなんですか？

アドバイザー：うん。覚えては忘れて。毎週、大変だよね～。私の場合はね……。

こうした対話は、学習者の教師に対する親近感を育てます。また、教師が学習者にとってよきロールモデルとなることにもなります。多くの中学生、高校生は、教師に大きな影響を受け、人間形成を行っていきます。教師の発した一言が、その学習者の一生のお守りになることもあるくらいです。教師の皆さん自身もきっと、人生でそういった心の師と出会っているかもしれません。

そうした影響力のある先生の体験談は、学生にとって貴重なものです。教師による経験の共有は、教師の人間的な側面の開示でもあり、だからこそ、学習者にとって有意義なものになります。そういう意味でも、教師による経験の共有は学習者の共感を生み、関係性を親密にし、学習者が自分自身を俯瞰するきっかけにもなるのです。

しかし、ここで気を付けていただきたいのは、「経験の共有」をする際、私たちはついつい、自分の昔話にどっぷりとつかってしまうことがあるということです。こういう状態になると、話の主役はもはや学習者ではなく、「自分（話者）」になってしまいます。いつの間にか、学習者の相談なのに、教師の武勇伝が話題の中心になってしまうことがないよう、「経験の共有」はあくまで、学習者の気づきを促すためであることを忘れないようにしましょう。

2.2.7 責任意識の強化

学習者が「やる」と言ったことを実際に行えるよう、計画のオーナーシップ（責任意識）を促すスキルが責任意識の強化です。

実行内容、実行方法、期日などを確認されると、学習者はアドバイザーに学習の進捗状況を報告する宣言をすることとなり、「言ったことはやる」という意識が芽生えます。計画することと行動することは、まったく別の力です。そこで、アドバイジングの対話では、計画したことを行動に誘導する「責任意識」の強化を行います。学習者が決めたことを実行したら、アドバイザーに報告してもらうように促します。

［例29］
「では、いつまでにやりますか？」
「どのようにやりますか？」
「やったことを、私に報告してもらえますか？」

2.3 自律性を促す12の対話スキルの極意

ここまで、以下の12の対話スキルを見てきました。

〈傾聴し、受け止めるためのスキル〉
（1）繰り返し （2）言い換え （3）要約 （4）共感
（5）褒める
〈発想の転換と問題解決を促すスキル〉
（1）俯瞰のスキル （2）比喩のスキル （3）直感のスキル
（4）パワフル・クエスチョン （5）挑戦のスキル （6）経験の共有 （7）責任意識の強化

1つひとつのスキルはすでによく知っているものでしょうし、特に新しいものではないかもしれません。しかし、上記のスキルを学習者の自律性を促すために意図的に使えるようになると、学習者との対話に劇的な変化が生まれるのです。そのためにはまず、学習者との関係性を作ることです。学習者にとって信頼できる教師であるためには、学習者が「この先生なら話してもいい」という自己開示ができる存在になることです。「傾聴し、受け止めるための5つのスキル」は、こうした関係性をつくるために大いに役立ちます。これらのスキルを導入することで、学習者は「聞いてもらっている」という感覚を得るのです。

「聞いてもらっている」という感覚を相手に与えるには、単にこちらが「聞いている」と思うだけでは不十分です。相手に「私は聞いているよ」とわかるようなサインを送ることが重要なのです。そのために、繰り返し、言い換え、要約をしながら話を聞くのです。その上で、関係性をより高めるために、共感し、褒めることで、こちらの相手への理解を示すのです。こうした関係性ができると、学習者は安心して自己開示ができるようになります。

自己開示ができるようになると次の段階です。ここで「発想の転換と問題解決を促す7つのスキル」が役立つのです。これらのスキルは、学習者が何かに行き詰ったときに、新たな視点を持つことをサポートします。

「俯瞰のスキル」で物事を大きな視点でとらえなおしたり、「比喩のスキル」でより物事を掘り下げたり、「直感のスキル」で教師自身の第六感を使ったり、「パワフル・クエスチョン」で学習者の核心に迫る質問をしたり、「挑戦のスキル」で具体的な学習計画の作成をサポートしたり、「経験の共有」で共感を得たり、「責任意識の強化」で学習者の主体性を促すことができます。

しかしながら、これらのスキルを意識しすぎると、学習者との対話中、頭の中が忙しくなり、学生に集中できないなどということがあります。ですから、まずは「傾聴し、受け止めるためのスキル」と「発想の転換と問題解決を促すスキル」から、それぞれ1、2個を集中して練習することをお勧めします。そうすることで、得意なスキルが生まれるはずです。そうなってくると、いつの間にか自然とこれらのスキルが対話の中で使えるようになり、対話を通した学習者の自律性の育成をすることができるようになります。

まず、手始めのスキルとしてお勧めなのは「傾聴し、受け止めるためのスキル」からは「繰り返し」と「褒める」です。そして「発想の転換と問題解決を促すスキル」は「比喩のスキル」と「パワフル・クエスチョン」です。これら４つのスキルを導入するだけでも、いつもとはちょっと対話の質が変わることを実感するかもしれません。ぜひ、お試しください。

3. 自律性を促す対話の具体例

これまで、学習者の自律性とは何か、自律性を促す対話とは何か、そして、そうした対話を促す12のスキルについて述べてきました。このセクションでは、こうしたスキルが具体的にどういった風に使われているのか、対話例をあげることで紹介していきます。

3.1 依存型学習者への対応：「何をすればいいですか？　教えてください」

教師に相談にくる学生の多くは焦っています。その焦りから、早く脱却したくて、喉から手が出るほど、その問題を解決する答えを求めています。こうした学習者の多くは、自律性の４つの発達段階の第１段階「開始」にあり、教師に依存的で、何でも解決できる魔法の答えを求めてやってきます。そうした学生が教師に求めているのは、手っ取り早い解決方法なのです。教師としても、こうした学生を見ると、すぐに具体的な対応策を提案したくなります。例えば、以下のようにです。

［例30］

学習者：この参考書を使って勉強をしているのですが、予定通りに勉強が進まなくて、不安なんです。何をすればいいですか？　教えてください。

教師：その参考書を使っているのね。

学習者：はい。これでいいですか？

教師：そうね……。それはあまりあなたに合っていないかも。この参考書を使ったらどう？

学習者：その参考書は知りませんでした。どこからやればいいですか？

教師：時制の章からやるといいわよ。

学習者：はい。１週間にどれくらいやればいいですか？

教師：１週間で、１章くらいのペースで進めてみたら？

学習者：わかりました。そうします。

上記の例を見ると、教師は教師の役割をきちんと果たしています。学習者が持参した参考書を見て、教師は教師の経験と知識から、本人のレベルに合っていないと判断し、適切な参考書を紹介します。さらに、学習プランについても提案をし、どの章から、どうやってやればいいかを指示しています。教師としては、満点の会話かと思います。

しかし、自律性の育成という観点から、この会話を見てみましょう。教師の一方的な提案を受け、学習者は「わかりました。そうします」と応えています。ここに学習者の深い内省は見て取れません。では、同じ対話を、自律性を育成するというアプローチで行うとどうなるでしょうか。

［例31］

学習者：この参考書を使って勉強をしているのですが、予定通りに勉強が進まなくて、不安なんです。何をすればいいですか？　教えてください。

教師：なるほど、予定通りに勉強が進まなくて、不安なんだね。（学習者の発言を繰り返す）

学習者：そうなんです。やる気はあるんですけど、どうしてもできなくて。

教師：「やる気はあるけど、できない」をもう少し詳しく話してくれる？（オープンな質問を投げかける）

学習者：うーん。単語とかはできるんですけど、文法だけダメなんです。やらなきゃって気持ちは強いのに。

教師：単語はできるのに、文法はできないのは、なんでだろう？

学習者：うーん。なんでだろう……。もしかして……。

（内省がはじまる）

［例31］で教師が注目しているのは学習者の「感情」です。［例30］の教

師が注目していた「参考書」ではありません。教師は学習者の「不安なんです」という言葉に反応し、その言葉を繰り返します。「不安なんだね」と。これは12のスキルで紹介した繰り返しのスキルです。繰り返しは、非常にパワフルな手法です。ただ単に、相手の発する言葉に着目し、キーとなる言葉を察知し、それを繰り返すのです。すると、不思議なことに、こちらが質問をするよりも学習者が話し始めることが多いのです。

「なるほど、予定通りに勉強が進まなくて、不安なんだね。」という教師の一言は、学習者にとって「あ、この先生ならわかってくれるかもしれない」という感覚を持たせます。なぜなら、この教師は、学習者の気持ちを察知したからです。

気持ちを察知してくれた相手に対して、学習者は自己開示をはじめます。自律性の育成において、内省することが重要だと述べましたが、対話を通して内省をするには、「自己開示」ができる環境があることが欠かせません。この環境をつくるには、相手に安心感を持ってもらうことが必要です。キーワードを繰り返すことは、学習者に「私は聞いているよ」というメッセージを送ることと同様です。

［例31］の対話でも、繰り返しの後に、学習者がより多くの情報を開示しています。「やる気はあるのに、できない」。この情報をもとに、教師は学習者の内省をさらに、オープンな質問を使って深めます。オープンな質問とは、「Yes/No」では答えられない質問です。オープンな質問をされると、学習者はいったん止まって考える必要があります。このポイントで、学習者は徐々に自己を振り返り内省へと入っていきます。「うーん、何でだろう」という学生の反応は、非常に良いサインです。

このように、教師の対話の仕方で［例30］と［例31］のように、学習者に与える影響は大きく異なります。学習者の自律性を育成することに主眼においたとき、教師しての学習者との対話の仕方を知っていることはとても重要なのです。

3.2　モチベーションに問題を抱える学習者への対応：「先生、どうしてもやる気がでません」

語学学習において「やる気」は学習に大きな影響を与えます。やる気は学習そのものなのかもしれないほど大切です。そして、多くの学習者がやる気に問題を抱えています。それは、語学学習は継続的に行わないと、どうしても効果が出ないからです。

では、やる気がなくなった学習者に、教師はどのように対応するのがよいのでしょう。

一番やってしまいがちなのが、励ましの言葉をすぐにかけることです。

例えば、「元気を出してごらん！」「もうちょっと頑張って！」「くよくよしても、仕方ないよ！」などです。やる気に問題があって相談しにきた学習者に、残念ながらこういった言葉はあまり効果はありません。それができていたら、そもそも悩まないからです。また、すぐにこういう言葉を投げかけられると、「この先生はわかってくれない。」と判断してしまう学習者もいます。

では、こうしたやる気が落ちている学習者に対して、彼らの自律性を高めるためには、どうしたらいいのでしょうか？

3.2.1　いきなり解決しようとしない

教師がよくやってしまいがちなのが、質問に対する答えをすぐに提供してしまうことです。「その問題なら、こうするといいよ」と。しかし、これでは学習者の自律性の育成にはつながりません。自律性の育成には、本人の「意識的」な行動が必要となるからです。ですから、まずは解決策を提案するのではなく、悩みの内容を「聞く」ことが大事です。そのためには、事象ではなく、学習者の感情に焦点を当て、学習者が自分自身を振り返ることができる対話の流れをつくりましょう！

［例32］

学習者：最近、どうしても英語の勉強のやる気が出ないんです。どうすればいいでしょうか。

教師：最近、やる気が出ないんだね（繰り返し）

学習者：はい……。

教師：どんな気持ちになっているの？（感情を引き出す）

学習者：勉強をやろうと思っても、「どうせ頑張ってもできないや」という気持ちが出てくるんです。

教師：やってもできない、と思うの？（繰り返し）

学習者：はい……。

教師：そうか。やろうとしても、「どうせダメだ」という気持ちになってしまうんだね。たしかに、それはきついよね。（言い換え、共感）

学習者：はい。ちょっと前までは、調子よかったんですけど……。

教師：少し前までは、こんなことはなかったんだね。その時はどんな感じで勉強できたの？（過去の分析を促す）

学習者：えっと……。（分析を始める）

第1段階は、「聞く」そして、学習者の感情を把握することです。そのためには、繰り返し、言い換え、要約、共感など、しっかりと傾聴のスキルを使うといいでしょう。その上で、学習者にこれまでのプロセスの分析をしてもらうのです。

3.2.2 問題の真相を探る

やる気に問題を抱える学習者への対応の第1段階では、いきなり問題解決をせずに、傾聴し、受け止め、共感し、本人の自己分析を促します。なぜ、このような時間がかかることをするのでしょうか？　それは、まさにその基盤が、次の段階で効果を発揮するからです。第1段階で上記のような対応を教師から受けた学生は、教師を信頼し始め、「この人ならわかってくれるかもしれない」と自己開示がしやすくなります。こういう心的状況のもとですと、教師の声は学生に響きやすくなります。その上で、教師は学生が抱えている問題の真相を探ることを促します。その場合、いくつか方法があります。

・過去の学習のパターンを分析する
「これまでも、どんな時にやる気がなくなったりした？」
・現状の把握を的確にする

・これらを話している学習者の様子を教師はよく観察する

3.2.3 問題の解決を促す

さあ、最終段階です。いよいよ問題の解決に入ります。ポイントは、解決するのは教師ではなく、学習者自身、ということです。このとき、教師はどのように学習者と向き合えばいいでしょうか。以下に、例をあげます。

・勉強以外のことでの成功体験とリンクさせる
・学習者自身に成功体験がない場合は、尊敬する第三者の視点を活用する
・学習者の想像力を促すような質問をする
・核心に迫る質問をする

具体的には以下のような質問をすることもできます。

[例33]
「得意な水泳でも、そんな気持ちになったことはある？　そのときはどうやって克服したの？」
「○○先輩を尊敬していると言っていたけど、その先輩ならどうやって乗り越えると思う？」
「もし、この問題が克服できたとしたら、どんな自分になれそう？　そのとき、どんな気分になっている？」
「『どうせ頑張ってもできないや』という気持ちはどこからくるんだろう？」

こう質問をする中で、学習者は今まで自分自身に投げかけたことのない質問への答えを探すことになります。そうすることで、これまでにない解決策を自分で見つけ始めるのです。

もし、学習者が問題の解決策を見つけ出すことができたら、それをすぐに実行できるアクションプランに落とし込みましょう。ポイントは「すぐ

に実行できる」ことです。せっかくの気づきを行動に移すことが、ここでは何より大事になります。

学習者のモチベーションの問題は、とても根が深い場合が多く、簡単に解決できることではないケースがほとんどです。しかし同時に、こうした対話を通して、何かが大きく変化する学習者がいることも事実です。自律型学習者を育成するには、すぐに解決策を提供するのではなく、学習者自身が解決できるために、教師はまずは学習者が安心して問題を話せる関係を築くために、（1）傾聴する、そして（2）問題の真相を一緒に探るのです。問題の真相が見えてきたら、最後に（3）問題解決を促す、のです。

3.3 学習に対する不安に悩む学習者への対応：「とにかく不安なんです」

「不安」は私たち大人でも日々、抱えているものです。思春期の子どもたちであればなおさらです。受験やテストなどの外的な要因もあれば、自分に自信が持てないなどの内的な要因もあり、また原因のわからない不安に襲われることもあるでしょう。また、不安の多くは、すぐに解決できないものなのです。

では、こうした学習者と自律性を促す対話をするとしたら、どういうことが教師にはできるでしょうか。

3.3.1 いきなり励まさない

不安な学習者を見ると、教師としては元気づけようと「心配しなくても、大丈夫よ！」とついつい言いたくなってしまいます。しかし、これは逆効果なことが多いのです。むしろ「この先生は聞いてくれない」という印象を学習者に与えてしまうことになりかねません。対話を通した自律性の育成には、まずは相手を受け止めることが重要です。ここで、第１部第２章でもご紹介した「傾聴し、受け止めるためのスキル（繰り返し、言い換え、要約、共感、褒める）」を活用すると、「この先生は聞いてくれる！」という印象をしっかりと与えることができるはずです。

3.3.2 共感と褒めが大事

不安を抱えた学習者に対しては、いきなり励ますのではなく、傾聴をしていくことが大切ですが、その中でも「共感」と「褒め」は大切な役割を果たします。不安を理解していることを表す「共感」は、もっとも学習者が共感してほしい要素を取り上げて共感しましょう。また、大人に不安を打ち明けることは、学習者にとっては大変なことかもしれません。そういったことを見逃さずに、しっかりと「褒め」ましょう。

［例34］

「不安で毎日眠れないんだね。そうだよね、自分で解決できないことって、確かに怖いよね。先生もそうだよ……。」(共感)

「勇気を出して、よく話してくれたね。不安なのは自分の心の動きがよくわかっている証拠だよ。」(褒め)

3.3.3 解決できなくても OK

学習者に相談をされると、教師は「解決してあげたい」という気持ちが強く湧くことでしょう。しかし、それは時によっては、教師の一方的な意見となり、そこに学習者の自律性の育成の要素がないことがあります。自律性の育成の対話という観点から見ると、実は悩みはその場で解決できなくてもいいのです。傾聴し、不安に共感し、しっかりと受け止めてあげる。実は、これだけで多くの相談者は、少しだけ心が軽くなるのです。

3.4 学習計画をうまく作成できない学習者への対応：「先生、計画したことが実行できません」

学習者が抱える問題の１つとして、学習計画を立てるものの、予定通りに実行できないという問題がよくあります。では、こういった学習者を前にして、自律性を育成する対話をするには、どう対応したらよいのでしょうか。

まずは、ここまで本書でも繰り返しているように、学習者の自律性を促すには、最初から教師が答えを出すことを極力避けましょう。まず学習者に自分自身を分析してもらい、できるだけ自分自身で打開策を見出す努力をするように促しましょう。つまり、「先生、計画したことが実行できません」という学習者に対して、「だったら、こうしなさい」という返答はできるだけ避けるということです。上記のようなケースでは、以下のような手順を踏むと、学習者の内省を促すことができます。

3.4.1　現状の振り返り

学習計画のなかで、うまくいっているもの、うまくいっていないものを学習者自身に振り返ってもらうように促しましょう。

［例35］
「どんなことが実行できた？　逆に実行できなかったことはある？」
「どうして実行できた／できなかったのかな？」

3.4.2　原因の分析

次に学習計画の中でうまくいったこと、いかなかったことの原因を分析してもらいましょう。その際に有効なのは、学習者に自分の学習パターンを洗い出してもらうことです。また、そのときの学習者の気持ち・感情にも着目しましょう。

［例36］
「単語の学習はうまくいったみたいだけど、どうやって勉強したの？」
「どんな時に集中力があがる？　逆に集中できないのはどんなとき？」
「いつもどこで勉強している？　場所によって効率は変わることはある？」
「1回の勉強量や勉強時間は、自分ではどう思う？」
「集中できたときって、どんな気持ち？」

上記のような質問をすることで、学習者は自分の学習パターンを認識し、その過程において新たな発見があるかもしれません。ポイントは、学習がうまくいくとき／いかないときを対比し、それぞれ「いつ、どこで、どれくらい」学習しているのか、またその時の「気持ち（感情）」にも焦点を当てた質問をするとなおいいでしょう。

3.4.3 計画の練り直し

多くの学習者は、計画通りに実行できないと「自分はダメだ」「根性がない」など自分を責めたり、「時間がなかった」「今週は集中できなかった」など言い訳を言うことがあります。そこには、計画通りにできないことはよくないこと、という概念があるからです。しかし、場合によっては、悪いのは学習者ではなく、計画の方だったりするのです。ですから、最初に計画を立てるときは、「とりあえずこれで１週間やってみてよう」くらいがちょうどいいのです。大切なのは、１週間後に振り返り、分析し、計画を練り直すことです。こうして練り直された計画の方がずっと効果的なのです。

上記のように、「先生、計画したことが実行できません」という学生に対して、教師は学習者の自律性を育成するため、すぐに直接的な答えを与えるのではなく、学習者に（1）現状の振り返りをしてもらうことを促し、（2）計画が実行できなかった原因を分析して、（3）計画の練り直しを促すようにしましょう。学習者の中には、最初に立てた計画に固執してしまう場合もあるので、「計画は状況やニーズにあわせて練り直せる」という意識を持ってもらうようにしましょう。

計画を立てたり計画を練り直す際の便利なツールとして、ワークシートを利用すると視覚的にも明確になり効果的です。次頁以降に示した「ゴール設定ピラミッド」や「アクションプラン」（ここでは例として「短期目標を立ててみる」というアクションプランについてのワークシートを取り上げてみました）（加藤・山下、『英語学習手帳』2015、神田外語大学出版局）を、対話を通して学習者に作成してもらい、一定の期間をおいて、プランが自分にとって有効かを、振り返る対話をすることをお勧めします。

「ゴール設定ピラミッド」は、「将来の夢」からはじまり、そのために必要なものを１つずつ洗い出し、最終的には「いまから踏み出せる１歩」を設定するものです。細かいプランがまだ立てられない段階の学習者にお勧

【ゴール設定ピラミッド】

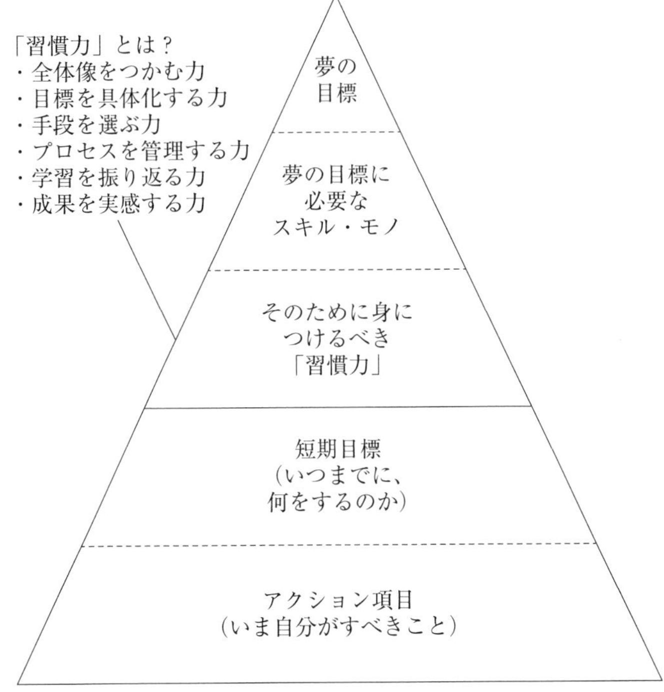

めです。

一方、「アクションプラン」は、目標は定まっているのに、行動に移せない学習者に適しています。学習内容によって「机学習」と「ながら学習」に仕分け、それぞれどのような「場」が学習に適しているかを分析し、それを「いつ」やったらいいのか、時間の選択をします。つまり、何を（内容)、いつ・どこで（場)、どれくらい（時間・量）をするかを決めることで、より具体的なアクションを起こすことが促進されるのです。

「計画は最初からうまくいかなくても大丈夫」というメッセージを学習者におくり、自分の状況やニーズによって、いつでも練り直しができることを、強調すると、学習者も気楽に計画を立てることができます。

【アクションプラン】

短期目標 ✎

例▶20××年9月までにTOEICで550点をとる

	「机学習」	「ながら学習」
①学習「内容」の仕分け Activity 9で決めた「学習方法・教材」の内容を、「机学習」と「ながら学習」に分ける	…………………… …………………… …………………… …………………… 例▶サンプルテストをやる 単語の書き取り	…………………… …………………… …………………… …………………… 例▶単語の復習／リスニング
②学習の「場」の洗い出し 「机学習」「ながら学習」を行なえる場所を、それぞれ書き出す	…………………… …………………… …………………… …………………… 例▶カフェ／週末は図書館／ 自宅／オフィス	…………………… …………………… …………………… …………………… 例▶電車内／スポーツジム／ 入浴中
③学習「時間」の洗い出し 「机学習」「ながら学習」ができる時間帯を、それぞれ書き出す	…………………… …………………… …………………… …………………… 例▶帰宅後の1時間／ 勤務前の1時間	…………………… …………………… …………………… …………………… 例▶寝る前の5分間／ 電車内での30分間

前ページでは学習の「内容」「場」「時間」を洗い出しました。洗い出した各内容を見て、今度は、「なにを」「いつ・どこで」「どれくらい」行うかを、以下の表にまとめましょう。

なにを（内容）	いつ・どこで（場）	どれぐらい（時間・量）
例▶TOEICの単語集	例▶通勤電車内	例▶朝の電車で単語を15個覚え、帰りの電車で復習

作成した「アクション・プラン」を見て、以下のことを自分自身に問いかけ、もしOKであれば、☑しましょう。

- □ 各学習方法を、実際にどこで、どの時間を使って実行するか決めた。
- □ 決めた学習量をこなせる自信がある（もし自信がなければ、少し減らしてみましょう）。
- □ 教材がすでに手元にある、または容易にアクセスできる。

◍ここがポイント！

・話を聞くときは、まず学習者の「感情」に着目する

・大切なのは学習者の「感情」！　キーワードをつかみ、繰り返そう！

・すぐに解決策を提供するのではなく、学習者が安心して問題を話せる関係を築くために、（1）傾聴する、（2）問題の真相を一緒に探る、そして（3）問題解決を促す。

・計画は最初からできなくてもOK。振り返りながら練り直すことにこそ、価値がある！

4. 教師の自律性の育成

4.1 教師のウェルビーイング

学習者の自律性の育成のためには、「対話」こそがカギであることを述べてきました。また、学習者の自律性育成において、教師の影響がどれほど大きいものかを強調してきました。だからこそ注目したいのが、教師自身の「ウェルビーイング（well-being）」なのです。ウェルビーイングとは、個人それぞれの権利・自己実現が適切に保障されながら、身体的にも、精神的にも、社会的にも良好である状態を指します。つまり、いい感じで過ごしていること、うまくいっている状態、幸福な状態、充実した状態です。何よりも教師のウェルビーイングが保たれている状態こそが、自律学習者の育成には欠かせません。

しかし、これまで、教師のウェルビーイングは後回しにされてきました。1つの理由としては、教師を目指す多くの人は、自己犠牲の精神を持っているからです。夜遅くまで働き、残業の毎日、休日も学校に出て仕事をしてまでも、学習者のためになら力が湧いてきてしまう。多くの教師の皆さんには、こういった情熱があることでしょう。そしてそれが、教師自身がケアを後回しにする風潮を生んでいます。

言語学習心理学の分野でもこれは指摘されています。教育は学習者に焦点を当てる傾向があり、教師の精神的な健康や教師の職業人生のウェルビーイング促進に関する研究が不足していると言われているのです（Mercer, Oberdorfer & Saleen, 2016）。こうしたことから、欧米では教師の燃え尽き症候群（バーンアウト）が多発し、教師の離職率は高いものとなりました。

ご自身を振り返ってみてください。自分のウェルビーイングをちゃんと考えているでしょうか。自分を犠牲にしてでも、周りのために献身的に働いているご自身の姿ばかりが浮かぶのではないでしょうか。私たちは、教師が自身のウェルビーイング向上を目指すことは、職務の１つであると考えています。これは公的な職業訓練の一環として実施されるべきことなのです。

4.2　ウェルビーイングを向上させるには？

ウェルビーイングの研究はポジティブ心理学という分野ではじまり、教育の分野においても、教育者のウェルビーイングが学習者によい影響を与え、自律学習の促進につながるという先行研究もあります（Dörnyei, 2010; Gkonou, Tatzl & Mercer, 2016; Ryff, 1989; Ryan & Mercer, 2015）。

ポジティブ心理学の父と言われるSeligmanは2011年、ウェルビーイングは以下の５つの領域から構成されると提唱しました。

（１）ポジティブ感情（Positive Emotion）
　前向きで明るい感情。愛、喜び、感謝、安らぎ、希望、誇り等
（２）エンゲージメント、没頭、熱中（Engagement）
　何かに熱中している状態（フローやゾーンとも言われる）
（３）よい人間関係（Relationship）
　信頼され、愛されている良好な人間関係
（４）人生の意味や意義の自覚（Meaning）
　やりがい、自分自身を豊にする人生の意味の追求
（５）達成感（Accomplishment）
　何かを達成する感覚、熟練していく感覚

これは、それぞれの構成要素の頭文字をとってPERMAモデルと言われています。また、最近はこのPERMAにもう１つの要素「V＝バイタリティ」を加えて、PERMA-Vとする考えも出ています。バイタリティとは、活力、生命力のことで、PERMAの心的な状態に加え、体の状態に着目するというものです。つまり、睡眠、食事、運動なども、ウェルビーイングの構成要素であるということです。

では実際に、どのようにしたら本書のアプローチを用い、教師のウェルビーイングの向上ができるのでしょうか。カギはやはり「対話」にありま

す。これまで、多くの教員にこうしたウェルビーイング向上を目的としたワークショップを行ってきましたが、そのたびに驚くことは、教師を対象としたワークショップで、ご自身を振り返るためのペアワークやグループワークを行うと、盛り上がりすぎてなかなか時間がきてもアクティビティを止められない、ということです。多くの先生方から、「こんなに自分のことを話したり、誰かに聞いてもらったのは、いつぶりかわからない」という感想をいただいたこともあります。そして、話し終わった後は皆さん、キラキラする表情となるのです。こうした小さな対話でも、教師のウェルビーイングは向上するのです。

教師の皆さんには、ぜひ上記のPERMA（もしくはPERMA-V）モデルを向上されるような対話を、少しでも実施することをお勧めします。その際に、できるだけお互いに12の対話スキルを使ってみましょう。きっと普段の会話とは違う、内省を促す対話になることでしょう。その際はぜひ、繰り返し、言い換え、要約、共感、褒めるの「傾聴・受け入れのスキル」を多用し、何か提案をするのではなく、とにかく相手の話を聞いてあげることに専念しましょう。そのためにも、話し手と聞き手の役割を順番にやることをお勧めします。

以下は、ウェルビーイングが向上する対話にお勧めのトピックです。

・あなたが心から楽しめることはなんですか？
・すべて叶うとしたら、いま、何をしますか？
・今の生活に５分だけ、何かに夢中になれる時間を作れるとしたら、何をしますか？　それが１時間だったら、２時間だったら、何をしますか？
・最近、誰かに感謝した・感謝された経験はありますか？
・あなたにとって最も影響のある人は誰ですか？
・人生にやりがいを感じるのはどんな瞬間ですか？
・最近、達成したことはなんですか？　その時の気持ちを教えてください。
・健康に関して、何か１つ向上できるとしたら、何をしたいですか？

上記の質問にはPERMA-Vモデルに含まれるウェルビーイングの要素が含まれています。こうした意図的な対話を少しするだけでも、それを親身に聞いてくれる「聞き手」がいることで、話し手は大きな満足感を得られることがあります。ぜひ、お互いに話し手、聞き手となり、ウェルビーイングの向上を目指しましょう。

4.3 教師のためのメンタリングプログラム

上記でご紹介したウェルビーイングを向上させる対話は、いつ、どこでも行うことができますが、いわば簡易的なものです。教師のウェルビーイングを向上させるためには、職場でそういった時間をしっかりと確保し、プログラムを実行することが何よりも効果的です。ワークショップなどで集団で定期的に集まり実施する方法もありますが、対話をベースにしたウェルビーイングの育成としては、メンタリングが非常にお勧めです。メンタリングは、企業の人材育成法の1つとして誕生し、「熟練者（メンター)」が「新人（メンティ)」へ知識や技術の伝授をするという、一方向的な学びを主としていました（Kram, 1985; Ragins & Kram, 2007)。その後、知識や技術の伝授ではなく、メンティ自身の成長を目的とする現代型メンタリングが出現し（Brockbank & McGill, 2006)、米国や英国においては、教員養成にメンタリングが導入され始めたのです（Delaney, 2012; Hobson, Ashby, Malderez & Tomlinson, 2009; Kissau & King, 2014)。

教師の自律性の育成、ウェルビーイングの向上という意味でお勧めしたいのが、相互成長支援メンタリング（Relational Mentoring）です。相互成長支援メンタリングは、相互の発達支援関係を重視したメンタリングで、相互依存的かつ生成的な相互成長を促す関係に基づいています。したがって、互いに情緒的な受容度が高く、柔軟性があり、親密性の高い関係としているのです（Ragins, 2011; Ragins & Kram, 2007)。Ragins（2012）は、相互成長支援メンタリング指標（Relational Mentoring Index）を提案し、相互成長を支援する関係を構築するため、以下の6つのカテゴリーに着目しました。

（1）個人的な成長の支援

（2）インスピレーションの提供
（3）現状・理想の自分に関する承認
（4）共同規範の遵守
（5）相互を尊重する関係性の構築
（6）信頼と献身性の構築

職業訓練の一環として、メンタリングを導入する際は、経験者（メンター）が経験の浅いもの（メンティ）に知識やスキルを伝授する従来型ではなく、お互いの成長を支援し合うこの相互成長支援メンタリングの導入をお勧めします。難しいことは考えず、上記の6つの要素をできるだけ含むようにセッションを構成するだけでもいいのです。

4.4 ライフストーリーの共有

本書では自律性の育成の基本は教師と生徒の「信頼関係」にあるとし、それは対話から始まると強調をしてきました。教師の自律性育成およびウェルビーイングの向上においても、これは同じことです。

教師同士の関係性をメンタリングのセッションの中で構築し、相互成長支援メンタリングを実施するにあたり、とても有効なのがライフストーリーの共有です。ライフストーリーとは、日常生活で人びとがライフ（人生、生活）を生きていく過程、その経験プロセスの物語です。ライフストーリー研究の歴史は長く、心理学のフロイトを発端としています。

インタビュー形式で人生の物語を語る手法を、ライフストーリー・インタビューと呼びます（Atkinson, 1998）。ライフストーリーは語る者と語られる者との共同行為であり、「経験の共有者」としての「私たち」を生み出すとされ、ライフストーリーの共有は、聞き手と語り手の親密性を高めるとされています。また、Atkinson（1998）は、ライフストーリーの語り手は、充実感や新たな気づきを得るだけでなく、抱え続けてきた「肩の荷を下ろす」ことができると述べています。メンタリングにおいて、こうしたライフストーリーの共有アクティビティを導入することの効果は、様々な研究で指摘されていますし、実際に著者もメンタリングを行う際は、第1回のセッションで、ライフストーリーの共有を行うことにしています。初回からとても重いように感じるかもしれませんが、「話したくないことは話さない」という前提で、ご自身のストーリーを語ってもらうのです。メンティがメンターに人生の物語を語るだけではなく、メンターも同様に自身の物語を語ることが、相互成長支援メンタリングでは重要視されます。

ライフストーリーを語る際、タイムラインやコラージュなどの視覚的なツールを活用した事例（Atkinson, 1998）や、イメージ描画を効果的に活用した研究などがあります。例えば、メンタリングを行う際に、人生の絵（picture of life）を描いてもらうこともあります。これは過去・現在・未来を想像して、そのシンボルや思いつくことを描くというものです。この手法の面白いところは、絵を描くだけではまだ「人生の物語」とはならずに、その絵について語り、聞き手との対話が始まって、はじめてライフストーリーとなるということです。ライフストーリーの共有においてこうしたイメージ描画を用いた研究では、こうした手法が以下の効果をもたらすとされています（Kato, 2017）。

・関係性の構築：ライフストーリーの共有が親密性の構築につながる
・自己開示（感情の露呈）、信頼関係、相互理解の促進
・視点・発想の転換：新たな手法での人生の語り直しによる、価値観の発見
・事後のセッションへの効果：「人生の絵」は後のセッションでも活用され、さらなる発見をもたらす

難しく考えることはありません。教師の自律性、ウェルビーイングの向上において、対話を重視するメンタリングは効果的であり、その中でも相互成長支援メンタリングはお勧めであること、そして、自己開示や信頼関係を築くためにも、ライフストーリーの共有はとても効果があるということです。実際にこのようなメンタリングプログラムに参加した教師のみなさんは、こぞって初回のライフストーリーの共有が印象的であったと言います。こんなふうに自分の人生を振り返ったことがなかった、聞き手に受け止められ共感されることで大きな安心感が芽生えた、自分では想像でき

ないような質問を投げかけられ、大きな気づきがあったとの感想がよく聞かれます。ぜひ、試してみてください。

4.5 リバース・メンタリング

相互成長支援メンタリング、ライフストーリーの共有につづき、もう1つお勧めなのが、リバース・メンタリングです。リバース・メンタリングは、技術革新が目覚ましい米国のIT業界において、従来のメンターとメンティの役割を逆転させ、若手が最新の技術・知識を熟練者に伝授するという手法として誕生しました。つまり、リバース・メンタリングとは、メンターとメンティの役割を入れ替えるというものです。これにより、経験者がメンティ、より経験の浅いものがメンターとなります。とても面白い発想です。

しかし、リバース・メンタリングが教育分野において実施された例はあまりありません。その理由をFletcher（2012）は、教育業界においては、若手が熟練者に最新技術・知識を教えることは少なく、双方向の学び（two-way learning, mutual learning）が主だからだと述べています。確かに、教育においては「共に学ぶ、学び合う」という姿勢がもともとあるので、あまり抵抗感や新鮮味はないかもしれません。しかし、あえてこのリバース・メンタリングを導入することをお勧めいたします。

それは、なぜでしょうか？　メンタリングは通常、新任教師にベテラン教師がメンターとしてつくケースが多いかと思います。そうなると、ベテランになればなるほど、メンティとなる機会は失われます。その上、ベテランとなるとより複雑なケースを複数抱え、それを自分自身で解決しなければならないのです。その上、メンタリングで人の話を傾聴しなければならない、となったらどうでしょう？　ベテランになるほど、負担が多くなるだけです。

それを解決するのがリバース・メンタリングです。このメンタリング手法を導入することで、日頃、指導にあたる側にいる教師に話を聞いてもらうという機会を与えることができるのです。実際にこのリバース・メンタリングをやったところ、久々にメンティになった教師からは「自分のことをこんなに聞いてもらったのは久しぶりでした！」「一人で悩んでいたことが、話を聞いてもらうことで解決しました」「メンターの若手先生ととても仲が良くなりました」など、ウェルビーイングの向上を示すような感想が多々聞かれたのです。

しかし、リバース・メンタリングはメンターとなる若手教師にとっては大変プレッシャーとなるケースが多いので、お勧めなのは長期的な通常のメンタリングプログラムの中にリバース・メンタリングを組み込むというものです。こうすることで、通常のメンタリングで関係性がすでに構築され、リバース・メンタリングにおける若手教師のプレッシャーを軽減することができます。リバース・メンタリングに参加した若手教師からは、「緊張したけど、メンターがどんなに気を使って話を聞いてくれていたのかが、よくわかった」「メンター先生の知らなかった一面を知り、より関係が深くなった」など、ポジティブは感想が多く聞かれました。

＊

第1部第1章から第3章までは、対話に注目しながら自律学習者を育成するために必要なスキルを紹介してきました。そして、こうした学習者を育成するためには、教師自身がイキイキとしていることが大事なのです。だからこそ、教師のウェルビーイングの向上が欠かせません。本章では、教師のウェルビーイングを対話やメンタリングを通して向上することをお勧めしました。

上記は教師の自律性やウェルビーイングを向上させる一例でしかありません。しかし、これらをヒントに、ぜひご自身の教師としてのウェルビーイングの追求をしてください。それこそが、学習者の自律性やウェルビーイングの向上につながるのです。

ここがポイント！

・ウェルビーイングには5つの構成要素（PERMA：Positive Emotion, Engagement, Relationship, Meaning, Accomplishment）がある。これにV＝Vitalityを加えたPERMA-Vもある。

・ウェルビーイングの向上及び相互成長を目指した相互成長支援メンタリングがお勧め。

・メンタリングの中で、ライフストーリーの共有をすることで、メンター・メンティはより深い関係性の構築ができ、それが互いの自己開示を促し、新たな価値観の発見につながる。

・ベテランになればなるほど、メンティとなる機会は失われるが、リバース・メンタリングを導入することで、相互のウェルビーイングを向上させることができる。

5. 教師が自律性を育てる ～「この先生は自分をわかってくれる！」～

学習者の自律性を促すために、第１章では「対話」の重要性を、第２章では対話の12のスキルを、第３章ではケース別に具体的な対話例を挙げ、第４章では教師のウェルビーイング向上の必要性を述べてきました。

多くの方は、自律的な学習者になるには特定のスキルを獲得すればよいというイメージを持っているかもしれません。学習者の自律性に関する様々な先行研究でも、自律的な学習者は、学習者が自らの学習におけるニーズを分析し、計画を立て、実行し、それを自己評価するという一連のプロセスを、自ら管理できる能力と責任意識をもっているとされています。ですから、こうしたスキルを体得するためのプログラムを作ることが一番近道だと思うかもしれません。もちろん、スキルの体得は有効です。

しかし、学習者に最も影響をあたえることができるのは、教師の存在です。教師の一言の声かけが、人生を変えるような意識改革になるということがあるくらい、多感な年ごろの学生にとっては教師の言葉には魔法の力があるのです。しかし、この「魔法の言葉」自体に威力があるわけでは決してありません。同じ「魔法の言葉」でも、他の人から言われても響かないのです。ある教師から、ある特定の学生だけに向けられているから効果があるのです。つまりここにあるのは「信頼関係」なのです。信頼する人間、尊敬する人間からの言葉は、骨の髄まで届くのです。だからこそ、学習者の自律性を促すには、まずは学習者から「この先生は自分をわかってくれる！」という教師であることです。

第１部で紹介した意図的な内省を促す対話（IRD）に活用されるスキルは、こうした学習者との信頼を築くために大いに役立ちます。自律性を促すには、こうした人間関係の土台をまずはつくることが欠かせません。そうした安心した関係においてこそ、学習者は自己開示をし、真の意味で自分と向き合うことができるのです。本書がひとりでも多くの「この先生は自分をわかってくれる！」教師を増やす一助になればと願っています。

英語教師のための
自律学習者育成ガイドブック

第2部

学習者の自律性を促す「授業」の基本

1. 授業で学習者の自律性を促す

学習者の自律性を育成するためには「対話」が必要です。第1部では、教師やラーニング・アドバイザーとの1対1の対話で学習者の自律性を促す方法を紹介しています。この対話の姿勢や手法は、学習者の自律性を促す上で大変重要な役割を担い、1対1のセッション、授業、セルフアクセスセンターでの教育活動など、どのような形で学習者の自律性を育成するにしても、その原点となる基本です。

第2部〈学習者の自律性を促す「授業」の基本〉では、授業で学習者の自律性を育成する意義、利点に触れ、学習者の自律性を育成する授業構成について紹介します。ご紹介する授業活動案は、英語だけでなく様々な教科の授業でも使っていただけます。また、授業の主活動となるものから、授業の最後の5分でできる活動まで幅広くご紹介します。これらの授業案は、文法学習項目の発展課題としても十分活用できますので、既存のカリキュラムに少し工夫を加えることで英語力と自律性の育成の両方を同時に行うことが可能です。また、その際に鍵となる教師が授業内で取るべき役割について取り上げ、授業で重要な役割を占める教師の介入についても提示します。

この第2部が皆様の授業に学習者の自律性を促すための仕掛けを取り入れるきっかけ、もしくは自律性を育成する授業活動案の実施につながれば幸いです。

1.1 学習者の自律性を育成するとは？

学習者の自律性を育成するとは、自分の学習に関する意思決定を自分でできる能力を育てるということです。ですから、「自律型学習者」とは、学習の意思決定プロセスに学習者自身が主体的に関わっているか、そこがポイントです。ただ単に言われたものをやっている学習ではなく、学習者自身が自分の学習内容や学習方法、感情、モチベーション、自分の成長などについて高い意識を持ち、常に自分自身と対話を重ねる力を学習者自身が持つことを目指しています。

1.2 まずは、自分の学習について振り返る時間を作る

学習者の自律性という概念は、数値化しにくく、目の前にいる学習者の自律性が育っても、試験の点数のようにはっきりとした数値が出てくるわけではありません。学習者の自律性を数値化できる、できないという議論は研究者の間でかなり行われてきましたが、なかなか難しいものです。

そこで学習者の自律性の成長をみる上で着目すべきは、学習者の発言です。例えば、アドバイジングセッションでの研究（Yamashita, 2015）においては、被験者の自律性をはかるために、各セッションの発言を分析し、時系列に沿ってその変化を追い、自律性の成長、学習に対する態度、姿勢、実行力について評価します。これは点数のように誰にでも明白にわかりやすいものではありませんが、学習者の発言の変化を見ると、学習者の成長を実感できます。

「先生、これをどれくらい、何ページやれば英語が上手くなりますか？」「先生、やる気がなかなか出ません」と言っていた学生が、「先生、今日は授業の前、やる気がない感じがしたので、一番前の席に座ることにしました」と言うようになったのです。この学習者は、自分のモチベーションを上げるためには、一番前に座って自分を鼓舞することが必要だと気づき、その気づきを日々の英語学習に活かし、実践しています。

「自分の学習について振り返ってください」と、突然学習者に要求しても上手くいきません。まず、大切なことは、授業中のどこかで、「チェックイン」や「振り返り」という時間を少しでも設けて、自分について考える時間を作ってあげることです。これは、学生が自分自身の状況を把握できるだけでなく、教師である私たちも、学生の今の状況を知ることができます。そして、この「チェックイン」や「振り返り」に学生の成長が記されていくでしょう。

1.3 「やらされ」感と受け身な姿勢から脱却する工夫

グローバル化に伴い、英語教育熱はますます高まっており、学校教育に

おいても積極的に導入が進んでいます。乳幼児期から英語の動画や音声教材を熱心に聞かせたり、子どもを英会話教室や塾に通わせる人が増え、小学校での英語教育活動や教科化も本格化してきました。

幼少期や小学校では歌を歌ったり、ゲームなどを通して、コミュニケーションとしての英語を楽しく導入され、英語に対して、楽しいというイメージを持って英語と触れる子どもたちは多くなりました。

しかし、その後、受験を控えた中学校、高校では多くの試験や学力テストを念頭に授業が展開され、自分のテスト結果に直面します。多くの生徒はそれまでは英語に対して、自分が楽しいと思う映画を見たり、英会話したり、歌を歌っていたのが、次第に英語に対して、「勉強」として「やらなくてはいけないもの」「やらされている」という感覚に変化していくケースが非常に多いのです。

テストに向けた英語の勉強のために、先生から教わったことを勉強するという癖がつくと、常に先生からの指示を待ち、点数を取るためには、与えられたものをやればいいという姿勢になり、自分から主体的に学習について考えなくなってしまっています。つまり、受身な学びになってしまっている学習者が多い可能性が高いのです。では、授業中のどのような工夫で、生徒を受け身から能動的な姿勢に変えることができるでしょうか？

1.4　他者評価から自己評価へ

「評価」、それは日本の英語学習者にとって大きな負担となっています。たとえ、学習者本人が「英語って楽しい！」と思っていたとしても、テストの点数が低ければ、それは、本人の「楽しい」という内的評価ではなく、テストの数字という外的評価が優位に立ち、外的評価を基準に自分と英語の関係を見るようになります。

また、先生から与えられた課題をこなしたけれども、点数が芳しくなければ、「自分は英語ができないダメな人間」という思い込みさえ学習者は持ち始め、持ち続けることが多いのです。次第に英語に対して苦手意識を持ち、「英語アレルギー」という言葉で自分と英語の関係を表す社会人学習者も多くいます。

逆に、テストの点数は中学校、高校ともずっと良いけれども、英語が好きではないという大学生もいます。そのような学習者は、「英語は好きではないけれども、点数が一番いいから、とりあえず英語をしている」と言います。自分がどう思うかより、外からの評価で自分の方向性を決めているのです。テストや先生からの外的評価に振り回される傾向にある学習者が多いのが現状です。

学校や家で、自分で考える、決める、というステップを踏むチャンスがない学習者は大学生になった時、高校までの先生からの手取り足取りのサポートがなくなった途端に、道に迷ってしまうケースが多いのです。自律性を促す授業では、学習者が自分のうちなる感覚を大切にできるような活動も導入することが重要です。

1.5 授業で学習者の自律性を促進する意義

多くの学習者が英語学習に対して、「やらされ」感を持ち、自分の感覚よりも外からの評価によって自分の英語学習の進捗を測り、評価しています。英語学習に対する自律性は低い状態です。この状態では、充実感を持って目標とする英語力達成にはなかなか届きません。

まずは、様々な活動を通して自分の英語学習について意識を高めます。クラスメートという存在を活用してより深く振り返るとともに、クラスメートの振り返りも聞くことで、たくさんの気づきや刺激を学習者はお互いに与え合います。

1.5.1 授業で行う意義（1）：全員に学びと気づきの機会を提供

本書で述べているように学習者の自律性を促し育成することを主眼とした学習アドバイジングやカウンセリングを行なっている教育機関はほんのわずかです。また、そのような学習支援サービスがある教育機関でも、セッションを受けることは任意のケースが多く、限られた学習者しか利用していません。

少しでも多くの学習者に自分と対話する機会を作るには、それを授業内で行うのが一番効率的です。授業内で学習者の自律性を育成する利点の１つに、学習者全員に自分と対話する機会を提供できるということがあります。

1.5.2 授業で行う意義（2）：勉強の話をオープンに

友だちやクラスメートと課題やテスト勉強について「できた？」「全然やってない！」「難しいよね」「やばい！」というような当たり障りのない表面的な会話や愚痴を言ったりしますが、実は、学習者たちは、自分たちがなかなか勉強を習慣化できないことや、勉強時間を作るのに苦労していることや、やる気がなかなか出ないことや、どのように勉強しているかなど、自分の学習のプロセスや管理方法について、その悩みに踏み込んで、真剣に共有することはほとんどありません。

友だちとだけではなく、そもそも、自分の学習について自分自身で深く振り返っていないケースが多いようです。そのような踏み込んだ学習の話をしない理由として、まず学習者が挙げる理由には「勉強はやるしかないので」と、その学習の悩みは、考慮するに値しない、それを「友だちやクラスメートと話すことは恥ずかしい」などがあります。また、ライバル意識がある学習者は、自分のことについて、「友だちにあまり言いたくない」や、「友だちは完璧だから、自分がみすぼらしく見えるから話さない」「友だちは勉強してないっていつも言ってるけど、高得点をいつもとる！」とあまり学習の話を共有することに対して好印象を持っていないようです。

このような話をしていると、次第に、学習者はネガティブな発言を始め、「自分が甘えているだけだから英語の勉強が続かないんです」「友だちはいつも図書館で勉強してて自分はダメダメです」というようになってしまいます。

授業活動で、学習の話をオープンにすることで、普段考えない自分の学習について、学習者は、自分と対話を始めます。例えば、自分の将来の夢、目標、今までの自分と英語学習の関係、モチベーションについてなどです。さらにクラスメートとお互いの振り返りや経験をシェアし話すことで、学習者たちは、一様に、「そうか、自分だけではないんだ！」「みんなも同じようなことで悩んでるんだ」「そんな方法があるのか」と学習仲間としてサポートし合うことができるようになります。

さらに、学習方法の過程やプロセスを見ていくアクティビティを行なっていくと、学習者たちは人によって勉強の仕方は違い、自分ができなかったのは、自分がダメなのではなく、自分のスタイルに合わなかったからであると気づきます。また、さらに踏み込んだ活動を行うと「みんなそれぞれやり方がある、違ってていい」「色々な学習スタイルがあっていい、勉強とやる気は深く関係する」など、大きな気づきを得ます。

学習者は、ある方法で学習すれば誰しもが成功するのではなく、自分に合った方法があり、それを見つけ出し、学習に主体的に取り組むことが大切であるということに実践を通して気づき始めます。そして、それこそが語学力向上の一番の近道であるということに気づきます。こうした気づきを促進する授業活動案を後ほど紹介します。

1.5.3 授業で行う意義（3）：ピア・インタラクションと自律性

学習者の自律性を促す授業活動は、講義スタイルではなく、学習者自身が積極的に活動するアクティブラーニング、個人の振り返り、ペアでの振り返り、クラスメートとの共有などです。授業でしかこのような活動はできません。上記で述べたように、まさにこのインタラクションに、授業で行う意義があるのです。では、この学習者間のインタラクションの何が学習者の自律性を育むために教育的価値があるのでしょうか。

通常、1対1のアドバイジングであれば、アドバイザーや教師はその意図的対話を実施するための対話スキルやテクニック、その理論に精通していますが、それを持ち合わせていない学習者同士が話して、成長はあるのかと疑問に思うかもしれません。ここで「最近接発達領域（Zone of Proximal Development：ZPD)」についてご紹介します。

1.5.4 最近接発達領域

ロシアの心理学者レフ・ヴィゴツキー（L. S. Vygotsky, 1896-1934）は、子どもの知的発達は他者との関わりの中で起きると考えました。

子どもには、自分一人の力で問題解決できる発達のレベルと、周囲の大人が手助けしても問題解決できないレベルがあり、それらの中間に、自分一人では無理でも周囲の援助＝自分より知識のある他者の補助により、できる発達領域があるということを主張しました。そして、その領域を最近接発達領域と提唱しました（8ページの図参照）。

この最近接発達領域で行われる他者からの補助のことをBruner（1983）

は「スキャフォールディング（scaffolding：足場掛け）」と呼びました。最近接発達領域（ZPD）とスキャフォールディングを学習者の自律性に当てはめてみると、アドバイジングでの1対1の意図的対話では、アドバイザーという熟達者の適切なスキャフォールディングによって、学習者のZPDにおいて、振り返りを促し、より自分に合った学習方法を見つけるためのメタ認知能力を育んでいきます。では、授業における学習者の自律性を促す教育活動ではどうでしょうか？

1.6　授業での足場掛け：スキャフォールディング

授業活動では、スキャフォールディングが二層あります。1層目は、教師が、活動を考えるときに、学習者たちのZPDを意識した適切なスキャフォールディングを組んだ授業活動案が必要になります。2層目は、実際に学習者たちが活動に取り組んでいるときに行われるピア・インタラクションにおける学習者同士のスキャフォールディング（コレクティブ・スキャフォールディング）です。

この2層目の学習者同士のスキャフォールディングですが、当初、ヴィゴツキーが提唱した考え方では、学習者の発達を手助けする足場作りができるのは、学習者よりも習熟度の高い熟達者であることを前提としていました。

しかし、その後、ヴィゴツキーは、同程度の習熟度の学習者間のやりとり（ピア・インタラクション）における相互の発達への介助（コレクティブ・スキャフォールディング）も認識し、さらに様々な研究者によっても同程度の習熟度を持った学習者間とのやりとりもが注目されるようになり、ピア・インタラクションの有効性について、現在様々な研究が行われてきています（Donato, 1994; Gibbons, 2002; Mercer, 1995; Rogoff, 1995）。

また、同程度の習熟度の学習者間だけでなく、van Lier（1996, 2004）は自分より習熟度の低い学習者間とのピア・インタラクションとコレクティブ・スキャフォールディングによっても発達や学びが生まれると述べています。したがって、クラス活動では、このように活発に学習者間でインタラクションが起き、そこから自律性を育てることができます。

スキャフォールディングとは、ある方法を押し付けるのではなく、教師が作った枠組みの中で、学習者が自分との対話を自由に行いかつ、意識化できるようにする「足場」を作り、それを働きかけることです。そこで、第２部では、そのような時間を授業の中で展開する方法をご紹介します。

2. 学習者の自律性を促す教師の役割

学習者の自律性を促す授業を行う上で大切なのが、教師としての役割です。教師はどのような授業をして、どのような活動を行えばいいのでしょうか？　学生にどのように声をかけて、足場掛けをしていけばいいのでしょうか？　従来の教室の前に立って講義するという形でいいのでしょうか？

2.1　学習者の自律性を育成する教師ファシリテーターとは？

学習者の自律性を授業をとおして促していく際、教師の役割は「特定の知識」を伝えることが主な目的ではなく、生徒が自分自身や自分の学習過程について意識を高め、振り返り、色々な気づきを起こせるように第1部でご紹介した対話の手法や、様々な方法で「ファシリテート」することです。

また、目の前にいる生徒たちは、色々な思いを持って授業に参加しているということを心に留めておくことです。自分の英語力に自信がなくて、間違うことを恐れている生徒、成績だけで自分は英語ができないと思い込んでいる生徒など、不安を持っている学習者が多くクラスにいる可能性があります。したがって、教師は、いつもより一層、生徒たちの個人差を理解し、生徒たちが必要な声がけや足場掛けの方法について学ぶことで授業が運営しやすくなります。

2.2　教師の心得（1）：「きっと、こうだろう」と決めつけない

実際に対話をする前に、学習者の自律性を育成するときの大前提として、教師が理解することは、「個々の生徒にどのような学習方法が合うかどうかは、その生徒しかわからない」ということです。長年教師経験があると、どうしても「このタイプの生徒にはこの方法がいい」「このスキルを上げるためには、この教材がいい」と思いがちですが、ある意味それは

教師の勝手な予想であって、生徒自身が気づき、見つけたことではありません。

自律性を育成する上で大切なのは、学習者自身が１つ１つ気づいていくことです。その気づきのきっかけとなる活動や声がけをすることが教師としての大きな役割になります。生徒の声を聴き、質問する声がけは、第１部を参照してください。この原点を常に頭に入れながら、生徒と授業中インタラクションするようにするといいでしょう。

2.3　教師の心得（２）：ファシリテーターになろう

急に「ファシリテーターになれ」と言われても、長年教壇に立ち、様々な言語知識を学生に教えてきた先生方には厳しい要求だと思います。まずは、教師として何か教えなくてはいけないと思わないことです。なぜならば、生徒が自分自身で自分の学習について振り返る時間を作り、その振り返りをより深いものにしてあげることが大優先だからです。

この要求が先生にとって厳しいものであるということを身をもって知る機会がありました。自律学習支援コースの授業を担当してもらう先生方にトレーニングをしていた時のことです。トレーニングを受けている時は、頭では理解できていたものの、実際に教室の現場に行ってみると、この先生方は、教壇に立たず、学習項目を教えないことにとても違和感を持ち、この授業形式にどうしても自分を合わせられない様子でした。どうしてもこの手法が自分には合わないと思えば、学習者の自律性を促す授業を行うのは自分には向いてないかもしれないと思ってください。それはそれで、自分に合わないということなので、無理しないでください。ただ、最初は、ぎこちなく違和感があったとしても、やっていくことで、この新しいスタイルに慣れていく場合も多々あります。中には元の教え方には戻れなくなったという先生もたくさん出てきました。ですので、ぜひ、一度試してみてください。

2.4　教師の心得（３）：そっと生徒に任せてみる

今回、本書で紹介する授業活動は、特別なトレーニングを受けていなくてもできるものです。その場合は、ぜひ今一度、第一部を読んでいただき、基本的な対話の方法を知っておくことをお願いしたいと思います。

そして、本書で紹介する授業活動案を行うにあたって、ぜひ守っていただきたいことが1つあります。それは、この活動を行う際の教師の役目は、一旦授業の活動を設定し、生徒に説明したら、そっと生徒たちに任せる、ということです。なぜならば、学習者自身が自分との対話（自己内省）、そしてクラスメートとの対話（ピア内省）を通して自分自身で気づくことが最大の目標であるからです。そのために、生徒がより深く振り返れるように、ファシリテーターとして、どの程度のスキャフォールディングが必要かなど、適時考えながら、生徒に寄り添いながら、アプローチすることが大切です。

振り返りに、正解も不正解もありませんが、振り返りの深さは大切です。振り返る時間、つまり何かに気づく時間は、自律性の育成には欠かせず、生徒がこの気づきの時間を確保できるようにすることが鍵です。

3. 学習者の自律性を育む授業構成：３つの柱

授業で自律性を育む際に教師が意識する３つの柱があります。それは、自律性を育むトピック、授業活動形態、教室空間デザインの３つです。この３つの柱があることが重要です。

3.1 学習者の自律性を育む（1）：トピック

本書では、自律した学習者になるということは、つまり、自分の学習に関する意思決定をし、自分で自分の学習を「セルフプロデュース」できるようになることを目標としています。また、第１部で述べたとおり、「自分を幸せにする学習方法」を見つけ出すことができる力です。

ただ、そう言われても抽象的すぎてどうしていいかわからないと思います。「学習者の自律性（オートノミー）」は一般的に以下のように定義されています。

> 学習者が自らの学習におけるニーズを分析し、計画を立て、実行し、それを自己評価するという一連のプロセスを、自ら管理できる能力と責任意識（Holec,1981; Benson & Voller, 1997; Little, 1991; Littlewood, 1996; Dickinson, 1992）

つまり、学習者の自律性を育む上で扱うトピックとしては、下記のものになります。

- ・ビジョン、目標設定
- ・学習スタイル
- ・リソース・教材の選定
- ・学習方法、学習計画
- ・時間管理
- ・モチベーション管理

・学習成果の振り返り、自己評価

授業ではこれらの項目に触れるといいでしょう。後ほどのクラス活動案には、これらのトピックをどのように授業に組み込んでいくかをご紹介します。

3.2 学習者の自律性を育む（2）：授業活動形態

自律性を育成することに欠かせないのが「対話」であるということを度々述べてきました。授業の形態としては、教師が生徒に何かを「教える」のではなく、生徒たちが対話の機会を持つことを促すことが重要です。

授業では、自己内省、つまり生徒が自分の学習や学習過程について振り返ることに多くの時間を費やします。対話には２種類ありますが、自己内省だけでなく他者との内省（ピア対話）も盛り込むことでさらに学びが深くなります。クラスメートとの対話は、自分では気がつかないことにたくさん気づかされることが多いのです。このクラスメートとの振り返りの対話が実は授業で学習者の自律性を育成する醍醐味であり、大変貴重なプロセスです。

このような授業の教師の役割は前述したようにファシリテーターとしての役割が非常に大きいです。教師によるフォローアップ、フィードバックを含めたスキャフォールディングが生徒の原動力となることが多々あります。

生徒の自律性を促進するフィードバックは「こうしなさい」という趣旨のものではなく、生徒の振り返り内容を受け入れ、それを元にそこから生徒がさらに気づきを起こせるような声がけや、やる気になるような具体的な褒め言葉が効果的です。先生からのコメントを見て、「がんばろう！」「できるかも！」「やってみよう！」と勇気を持てることでしょう。生徒との具体的な対話の手法は第１部52-68ページを参照してください。

3.3 学習者の自律性を育む（3）：教室空間デザイン

教室空間デザインが学習者の自律性を育むための３つ目の柱です。授業に参加して教室にいる誰もが、自分の学習について振り返りやすい環境を作ることがとても大切です。

3.3.1 安心安全な場作り

自分の学習過程について話すことは簡単なことではない場合もあります。このクラスメートや先生とならシェアして共有してもいい、という安心安全な空間、雰囲気作りが大切です。みんなが似たような境遇にいる、話して分かってもらえるという空間づくり、人との信頼関係が大切です。

3.3.2 振り返りの活動を促進するレイアウト

教室のレイアウト次第で雰囲気やクラス活動の可能性がぐっと広がります。固定式の列になった講義形式の教室では、柔軟な振り返り、枠を超えた発想はなかなか生まれません。可動式の椅子、クラスメートと自然な形で横並びや向かい合って座ることができる空間を作ってください。

3.3.3 使用言語は何を優先するかで決めよう

使用言語を何にするかは重要です。対話とは、自分自身と向き合うプロセスであり、深い内省を伴います。この対話を通して、生徒はこれまでにない発見をし、その発見が喜びにつながったとき、学習者は自ら主体的な学習に向かい出します。使用言語は、生徒たちが自分のことを話しやすい、深く振り返りそれを言葉にする言語で行うのが理想的です。英語のクラスだから全て英語でという必要はないのです。もちろん中上級レベルの学習者は英語で自分の気持ちなどを表現する良い機会になるので、それは適時、目の前にいる生徒の習熟度などによって決めるといいでしょう。まずは、教師がこの活動を通して、何を優先順位にするかというのを考えた上で、使用言語を決めることをお勧めします。

例えば、振り返りの深さを重視したいのであれば、日本語で一部、もしくは全部活動を行い、英語で自分のことを話せるようになるという方に重きを置くのであれば、生徒のレベルを見ながら、必要な単語やフレーズ、文法を導入したうえで、自律性を促すトピックを扱った英語の授業という形をお勧めします。いずれにしろ、使用言語の判断は、教師のその授業の目的や趣旨に合うものに柔軟にすればいいのです。

4. 学習者の自律性を促す授業活動案

4.1 授業活動案：様々な形で学習者の自律性を促す要素を授業に組み込む

一言で授業に学習者の自律性を促す授業活動を取り入れているといっても、教育機関や先生方によって現場の状況は十人十色です。自律学習支援コースがカリキュラムに入っている教育機関もあれば、英語の授業内で教師の判断で組み込むというケースもあると思います。中学校、高校の先生からは学校のカリキュラムをこなすのに精一杯で、学習者の自律性を育成する授業を取り入れたいけど、時間的に厳しいという現場の先生方の声も聞こえてきます。

そこで、本書では様々な状況にいらっしゃる先生、教育現場の方でも、少し授業に工夫を加えることで自律した学習者を育てるアプローチが取れるヒントをお伝えし、実践できる活動を幅広く紹介します。どの活動も全て日本語で行ってもいいですし、ある文法項目の授業の発展活動として行っていただくこともできます。

これから紹介する授業活動案は、著者がどれも実際に授業で実施している活動で、学習者が楽しく取り組んでくれているものばかりです。1つでも読者の皆様の状況に使える活動案があることを願いながら紹介します。

4.2 授業活動案

このセクションでは、授業時間の20分以上を使った授業活動案を5つ紹介します。【授業活動案①】では、英語に限らず、まずは生徒に伸び伸びと夢やビジョンを描いてもらいます。そして、そこから英語のビジョンや目標に生徒の意識を誘導します。【授業活動案②】では、自分で目標を決めて確認するだけでなく、クラスメートに目標を宣言してもらいます。【授業活動案③】では、自分のモチベーションの歴史を検証して、今後につなげます。【授業活動案④】では、勉強をする上で多くの生徒が苦労している時間管理について意識を高め、より良い時間管理ができるような活動です。そして、自律性が高い学習者は、自分の現在置かれている状況を把握することに長けています。【授業活動案⑤】では、アートカードを使い自分の現状を摑む活動です。これらの授業活動は、どれも、文法項目の発展活動として行ってもいいですし、日本語でしっかりとやっても良いと思います。

【授業活動案①】ビジョンボードを作って夢に近づこう
【授業活動案②】Goal Tree に目標を宣言しよう
【授業活動案③】英語学習モチベーショングラフ
【授業活動案④】時間はどこに？
【授業活動案⑤】アートカードを使って自分を見つめよう

なお、各活動に使用するワークシートなどは、第2部の末尾に〈資料〉として掲載しておきました。

＊　＊　＊　＊　＊　＊　＊　＊　＊　＊

【授業活動案①】 ビジョンボードを作って夢に近づこう

目標・ねらい	自分のなりたい将来、好きなことを視覚化する。
自律性トピック	目標、モチベーション
言語学習事項	・英語で状況を描写する ・自分の希望を述べる (I would like to, I hope to, I want to, ...)
	個人活動、自己分析・内省、ピア対話、グループシェア、全体シェア
クラス時間	60分〜
教師の事前準備	・古雑誌（英語の雑誌・海外の雑誌があればベスト）、大きめの画用紙人数分、はさみ、のり ・デジタルで行う場合は、Powerpoint や Keynote、無料のグラフィックデザインアプリ Canva など
進行手順	1.「将来、こうなったら嬉しいな、こんなことできてたら嬉しいな」を個人で考え、パートナーとシェアする。 2．4人程度のグループで座る。

	3．雑誌をパラパラめくって、自分の思い描く将来（生活、仕事、環境など）にピタッとくる写真や文字をハサミで切り抜き、たくさん素材を集める。 4．切ったイメージを画用紙に貼り、コラージュのような「ビジョンボード」を作る。 5．ビジョンボードを他人に説明できるように、紙に文章を書いてもらう（習熟度によっては予備教材を準備して、語彙、文章の書き方やサンプルを提示すると良い）。 6．グループメート、もしくはクラス全体に自分のビジョンボードを英語で紹介する。
注意事項＆発展案	・スピーキングのクラスでやるのであれば、ビジョンボードを英語で説明し、将来の希望について話す、ライティングのクラスで行う場合は、ビジョンボードを英作文として書く、などクラスによって様々なアウトプットでの展開が可能です。
補足	・年度始め、まだクラスのメンバーがお互いにあまり知らない時に行うと、作りながら自己紹介の機会になります。 ・洋楽をかけ、耳から英語を入れることで、英語の環境を作り、楽しい雰囲気づくりにも貢献します。 ・ビジョンボードは作りっぱなしではなく、作ったものを目に見える場所に置いておくことが大切です。スマートフォンの待ち受け画面にしたり、部屋に飾ったりすることもお勧めです。著者は、学生が集まるセルフアクセスセンターに飾り、作った本人が見られるだけでなく、他の学生や教職員と共有することによって他の学生や教職員もそれぞれの自分のビジョンや夢について考えるきっかけとなりました。
資料	【授業活動案①】ビジョンボード（成果物の例）

【授業活動案②】Goal Tree に目標を宣言しよう

目標・ねらい	自分の直近の目標を考え、宣言する。
自律性トピック	目標設定
学習項目	希望を述べる、未来形 (I want to, I would like to, I will, ...)
授業活動形態	自己分析・内省、ピア対話、全体シェア
クラス時間	10分～
教師の事前準備	・葉っぱの形をした紙、もしくは画用紙と色鉛筆・ペン ・「Goal Tree（目標の木）」をクラスの壁に作る（ホワイトボードや黒板、Tree wall 壁面シールなどを利用して大きな木の幹と枝を描く）。

進行手順	1．今学期達成したい目標を考え、葉っぱに書く。 2．クラスの「Goal Tree（目標の木）」に貼る。
注意事項＆発展案	・個人で目標を記入した後、ペアでシェアしあう。 ・学期末に、この目標の葉っぱを見て、自分の達成度について振り返る。 ・Goal Tree（目標の木）を作ること自体を活動の一部にしても良い。
補足	・目標を具体的に書くこと。例えば「スピーキング力を上げる」というのは大雑把すぎるので、「英会話した時に、必ず、２回は英会話のラリーが続くようにする」など具体的にすることでより実行しやすくなります。 ・目標をクラスに宣言することで、「誰かが見ている」と感じて、その目標に向けて取り組む傾向が強くなります。
資料	【授業活動案②】Goal Tree（成果物の例）

【授業活動案③】英語学習モチベーショングラフ

目標・ねらい	今までの英語学習と自分のモチベーションを振り返り、モチベーションの変動の傾向に意識を高める。
自律性トピック	モチベーション管理
学習項目	・昔起きたことについて説明する ・感情にまつわる語彙・表現 ・時制
授業活動形態	全体、自己分析・内省、ピア対話、グループシェア
クラス時間	20分〜
教師の事前準備	・モチベーションワークシート（〈資料〉参照）A４サイズより上で印刷 ・付箋（75mm×75mm を半分にカットもしくは、75mm×50mm や50mm×50mm サイズ）一人５〜10枚
進行手順	1．英語を初めて触れた時をＸ軸の原点に、そこから現在の年齢（または学年）をＸ軸に書く。 2．その時の自分の英語や英語学習に対するモチベーション（やる気）をグラフにして、点をつなげる（〈資料〉参照）グラフのみを書く。その時起きたことやその理由については記入しない。 3．〈ペアワーク〉クラスメートのペアの相手に自分のグラフを説明する（例：「中２の時に、先生の英語の話し方や発音が格好良くて、自分もそうなりたいと思って、やる気が上がった」など、その時の出来事とその上下した理由について話す。

	4．その話を聞いている聞き手は、付箋にキーワードをメモする。グラフの説明が終わったら何枚か記入した付箋が溜まっているはずです。 5．話し手が自分のグラフを一通り説明したら、聞き手が、話し手に確認しながら、「中２の時、先生の英語が格好良くてやる気が上がったんだよね」と述べ、付箋を相手のグラフに貼る。付箋は例えば「先生の英語格好いい、やる気UP」など簡単にキーワードだけを書く。 6．交代して同じように、グラフを説明し、聞き手は付箋にメモし、全てグラフの説明が終わった後に、確認しながら話し手のグラフに付箋を貼っていく。 7．ペアそれぞれが自分のモチベーショングラフについてシェアできたら、その後、どんな時に自分はやる気が落ちて、どんな時にモチベーションが上がっているか、何かパターンがあるか、グラフを見ながら考える。
注意事項＆発展案	・時間がないときは、個人活動のみで上記の手順（2）の後に、自分のグラフの上下を分析し振り返り、活動を終えるといいでしょう。 ・活動の目的と学習者の語学力次第で使用言語を決めてください。
補足	・この活動はクラスの場づくり、安全安心な場づくりをするために適切です。学習者は、やる気の起伏は自分だけではなく、みんな経験しているものだと気づきます。また、共通の経験をしたことで、今後、クラスで学習プロセスについて話しやすくなります。 ・この活動の最後に、「やる気の上下は必ずあるものであり、下がったままにするのではなく、どうやったら自分はまたモチベーションが上がるかということを知っておくこと、その上がる方法が何か色々試してみることが大切」ということを生徒に伝えましょう。
資料	【授業活動案③】モチベーションワークシート 【授業活動案③】モチベーションワークシート（成果物の例）

【授業活動案④】 時間はどこに？

ねらい・目標	自分の時間の使い方に意識を高め、学習時間を探し、時間管理の第１歩を踏み出す。
自律性トピック	時間管理
言語学習事項	・普段の身の回りの生活表現を学ぶ、使う ・自分の１日を説明する ・未来形

授業活動形態	全体、自己分析・内省、ピア対話、グループシェア
クラス時間	20分〜
教師の事前準備	配布物の印刷（〈資料〉参照） ・ワークシート①：My Schedule ・ワークシート②：My Schedule 振り返りワーク
進行手順	1．「勉強をなかなかできない理由」についてクラス全体、個人、またはグループで経験談や意見を出し合う。 2．その中で今日の授業では、「時間がない」という理由にフォーカスし、勉強時間の確保の大切さを伝えつつ、時間管理について意識を高めることを目標とする。 3．自分の平均的な１週間の時間の使い方を詳細にスケジュール表に書き込む（〈資料〉ワークシート：My Schedule)。英語で行う場合は、生活用語やフレーズの導入をする。 4．書き込んだスケジュール表を見ながら、自己内省を行い、「〈資料〉ワークシート：My Schedule 振り返りワーク」の質問に答える。 5．クラスメートとお互いの My Schedule をシェアし、気づいたことについて発表し合う。新しく勉強時間を確保できるとしたらどこかも伝える。 6．クラス全体で「隙間時間」について話す。隙間時間の例を教師がいくつか示す（通学の行き帰り、休み時間、空きコマ、昼休憩の一部利用、ご飯までの時間、など)。 7．どんな時に隙間時間があるか例をいくつか生徒に発表してもらう。 8．見つけた隙間時間に何をするか決める。 9．自分の行動計画（どの時間に何をするか）をグループに発表する。
注意事項＆発展案	・上記のステップを英語で行えば、様々な文法項目を使うことができるので、文法を使ったライティング、スピーキングの発展練習の一環として利用できます。 ・色鉛筆やペンを使うことで、スケジュールがカラフルになり、分析しやすくなる。 ・この活動は、モチベーションが高い傾向にある学期始めよりも、学期半ばや、試験期間が近づいてきた時に行うとより効果があります。
補足	この活動を行った学習者の多くが「こんなに時間があるとは気づかなかった」「いかに時間を無駄にしているか目に見えてわかった」と感想を述べています。
資料	【授業活動案④】ワークシート：My Schedule 【授業活動案④】ワークシート：My Schedule 振り返りワーク

【授業活動案⑤】アートカードを使って自分を見つめよう

目標・ねらい	今の自分の状況について振り返り、自分を俯瞰してみる。
自律性トピック	状況を把握する、目標設定
学習項目事項	・自分の気持ち、感情を表現する ・自分の置かれている状況を表現する
授業活動形態	全体、自己分析・内省、ピア対話、行動計画案、グループシェア
クラス時間	30分〜
教師の事前準備	アートカード（美術館やディズニーのポストカードのコレクション〈有料〉） 〈例〉 ・豊かな感性を育む芸術カード 七田式「名画カード」 https://www.amazon.co.jp/dp/B00GSICKC4/ref=cm_sw_em_r_mt_dp_SAX92K47VYGGF074591J ・The Art of Disney: The Golden Age (1937-1961), 100 collectible postcards, ・Chronicle Books http://www.chroniclebooks.com/art-of-disney-the-golden-age.html 配布物の印刷 ・ワークシート：アートカードワークシート（〈資料〉参照）
進行手順	1．４〜６人でグループを作り、向かい合って座る。 2．テーブルの上にポストカードを人数×５枚以上置く。 3．今の自分の状況にもっとも近いカードを選んでもらう。 4．全員がカードを一枚選んだら、各自「ワークシート：アートカードワークシート」を記入する。 5．全員が書き終えたら、ポストカードを見せながら、その理由について順番に発表する。
注意事項＆発展案	時間があれば、「自分のなりたい将来」を表すポストカードを選んでもらい、その理由を順番に発表してもらう。
補足	・ポストカードを説明する時は、なるべく英語で行う。 ・選んだ理由についての使用言語は、教師のこの活動をする目的次第で選んでください。英語で行うことを優先するか、振り返りの深さを求めるかで変わってきます。 ・この活動は、年度始めよりも年度途中に行うことをお勧めします。 ・自分の現状況を言葉で表すのはなかなか難しいため、この活動では、自分の状況に近い絵を選んでもらいます。
資料	【授業活動案⑤】ワークシート：アートカードワークシート

4.3　本気で習慣化に取り組みたい授業活動案

生徒に本気で習慣化することに取り組んでもらいたい場合は、下記の【授業活動案⑥】〈習慣化して、英語力を UP！〉をやってみましょう。こちらに記載した方法はあくまでもテンプレートですので、ご自分の状況に合わせて調整してください。この活動案は５年間、大学１年生の授業で行い、ほとんどの学生が自分が習慣化したい学習項目を習慣化できたという活動です。

【授業活動案⑥】習慣化して英語力を UP！

目標・ねらい	自主学習を習慣化する。
自律性トピック	時間管理、モチベーション管理、学習計画
言語学習事項	各自勉強したい項目
授業活動形態	全体、自己分析・内省、ピア対話、行動計画案、グループシェア
クラス時間	20分〜
教師の事前準備	配布物の印刷（〈資料〉参照） ・ワークシート①：習慣化記録シート ・ワークシート②：習慣化分析シート
進行手順	1．習慣化したいことを各自が決める。英語に関する項目（例：毎日単語を５個覚える、リスニングを毎日やる）と日常生活の項目（お手伝いをする、早寝する）。 2．各自、１週間決めたタスクを自分の時間に行う。できたかできなかったかを「ワークシート①：習慣化記録シート」に○×△などで記録する。 3．〈次回授業〉決めたタスクをできたかどうかを「ワークシート②：習慣化分析シート」を利用して振り返る。 4．〈２〜３人のペアまたは小グループ〉クラスメートと自分の進捗、成果を報告し合う。どうしてできなかったのか、どうすればよりできるようになるのか。お互いにフィードバックをして、どうすれば毎日できるようになるか話し合う。 5．次の週に向け、タスクをより取り組みやすいように変更してもいい（単語５個覚える→行きの電車で５個覚える）。 6．次回まで、今回決めたタスクの形でトライ。次週、また上記の１〜５のステップで振り返る。このサイクルを学期を通して行う。
注意事項＆発展案	・「できた」「できなかった」という結果に着目するのではなく、「どうしてできたか」「どうしてできなかったのか」を振り返り、共有する。

	・教師に余裕があれば、習慣化分析シートを回収し、簡単なコメントをする（コメントは、第1部の対話スキルの姿勢で。批判や評価をするのではなく、受け入れ、励ます、またはうまくタスクができていなければ、学習者に違う視点を提案する）。
補足	この活動の最大の目玉は、クラスメートとの対話です。個人で習慣化を目指すのではなく、クラスメートとの対話を通して、お互いにモチベーションを上げたり、学習方法、学習実行方法について話し合うことができることです。
資料	【授業活動案⑥】ワークシート①：習慣化記録シート 【授業活動案⑥】ワークシート②：習慣化分析シート

4.4 最後の5分間で育む授業活動案

このセクションでは、上記の授業活動案のように授業時間をたくさん使えないが、授業の最後の5分間なら使えるという方にぜひやっていただきたい活動です。

【授業活動案⑦】How did I do today?

【授業活動案⑧】〈授業外学習〉集中できた？

【授業活動案⑨】やる気スイッチはこれ！

＊　＊　＊　＊　＊　＊　＊　＊　＊　＊

【授業活動案⑦】How did I do today?

目標	自分のパフォーマンスについて振り返る。
自律性トピック	時間管理
言語学習項目	出来たこと、出来なかったことを表現する (I was able to, I could, ...)
授業活動形態	自己内省、ピア対話
クラス時間	5分～
教師の事前準備	配布物印刷（〈資料〉参照） ・ワークシート：How did I do today?
進行手順	1．今日の授業を振り返って、自分について、自分の今日の授業での頑張り、出来、成長など、気がついたことを1つ考える。 2．クラスメート（ペア）でシェアする。
注意事項＆発展案	・「いつもより発話できた」「単語帳で見た単語を使いたかったけど使えなかったから、メモしておく」など。

第2部 学習者の自律性を促す「授業」の基本

	・時間があれば、「次回のこのクラスでは○○できるように頑張りたい」とプチ目標を考え、ノートにメモしておくと、個人の目標ができます。
補足	この活動は、毎授業後に行うことで、学習者の中で、自分のスピーキング力についてや自分の頑張りについて振り返る習慣がつきます。
資料	【授業活動案⑦】ワークシート：How did I do today？

【授業活動案⑧】〈授業外学習〉集中できた？

目標・ねらい	自分の集中力や、モチベーションをモニターする習慣をつける。
自律性トピック	モチベーション、現状把握
言語学習項目	自分の行ったことを表現する。成果や感情を表現する。
授業活動形態	自己分析・内省
クラス時間	0分（授業外で5分）
教師の事前準備	配布物印刷（初回のみ）（〈資料〉参照） ・ワークシート：〈授業外学習〉集中できた？
進行手順	1．ワークシートに沿って、宿題や自主学習の学習項目を記入。 2．宿題や自主学習をしている時の自分の「集中力」「やる気度」「楽しめたか」をニコニコマークで記入。
注意事項&発展案	・なるべく学習者の負担にならないように、簡単なものが良いでしょう。 ・定期的に、クラスで自分の表を振り返る時間を設けるとさらに学習者のためになります。例えば、集中力が高かった日は何曜日なのか、どのような宿題や勉強内容なのか、勉強した時間帯なのか。逆に集中力がなかった日はどうだったかと表を分析することで、自分に合った方法を自分自身のデータを元に見出すことができます。 ・時間があれば、ペアやクラスで気づきをシェアすることをお勧めします。
補足	・集中力、やる気、などの項目について振り返らないといけないと思うと、それらを意識して宿題や自主学習に取り組む傾向があります。 ・自分の集中力ややる気のレベルについて、毎回点検することで、集中力を高められる環境が何かということを考え、数週間続けることで何かパターンが見いだせる可能性があります。さらに、その結果を様々な学習や今後の活動において応用し、自己分析できるようになります。
資料	【授業活動案⑧】ワークシート：〈授業外学習〉集中できた？

【授業活動案⑨】やる気スイッチはこれ！

目標・ねらい	自分のモチベーションの管理方法について振り返る
自律性トピック	モチベーション
言語学習項目	～した時～する (When my motivation goes down, I ...)
	自己分析・内省、ピア対話、全体シェア
クラス時間	5分～
教師の事前準備	やる気スイッチボード：学習者たちが記入した付箋を貼るエリア(例えば、ホワイトボードの一角、壁に模造紙を貼る、など)
進行手順	1．やる気が無くなった時、どうやってまた自分のやる気を取り戻すか、自分のやる気スイッチを付箋に書く。 2．書いたら、それをクラスの「やる気スイッチボード」に貼る。 3．休み時間などの時間にクラスメートのやる気スイッチが何か読む。
注意事項＆発展案	やる気スイッチボードに貼る前に、他のクラスメートとシェアしあうとさらに良いでしょう。
補足	誰にでもある「やる気スイッチ」。それをシェアすることで、クラスメートもみんな色々な方法でやる気をあげているということがわかります。
資料	【授業活動案⑨】やる気スイッチはこれ！（成果物の例）

5.「この先生の授業は面白い！」

私たちの教室にいる生徒たちの多くは、英語という自分の第１言語ではない言葉の学習に孤独感を覚えたり、わからなくなったらどうしよう、という不安を常に抱えています。

やる気がなくなれば、もう自分はダメだと思ってしまったり、思うように勉強が続かなければ、自分は英語学習に向いていないのではないかと自分を責めたり不安になります。また、テストなどで英語力を評価され、「英語って楽しい」という自分の感覚よりも、テストのスコアを見て、英語が好きになったり嫌いになったりしています。英語の学習は自分ではコントロールできないものだと感じている学習者は多いのです。

日本では、「英語アレルギー」という表現で自分の英語の苦手を表現している人も多いですが、「アレルギー」というある意味、「体質＝自分ではコントロールできない生まれ持ったもの」と捉え、自分自身が主導権を握ってコントロールできるものではない、と考えていらっしゃる人が実に多いようです。

今回ご紹介したような活動を授業で取り入れいただくことで、英語学習をしていく中でのやる気の起伏は自然なことであり、クラスメートも経験していることだと知ること、そして、色々な方法で工夫することで勉強は無理なく続き、モチベーションを自分で管理することができるかも！　という期待を学習者は持ち始めます。

第２部でご紹介したクラス活動の数々は、ある知識を学ぶためのものではなく、その学びの原材料が学習者本人の中にあることに気づかせるための活動です。学習者は活動をとおして、自分の「ボイス（声）」を出すことができ、授業活動に楽しく取り組み、みるみるうちにスッキリした表情になっていきます。生徒が自律性を発揮するとはまさに、生徒自身が自分の内なる声を聞き、目標を充実感を持ちながら達成するために自分の学習を工夫し、自分らしく楽しく学びを進めていくことです。

第２部でご紹介した授業活動はどれも実際に著者がたくさんの英語学習者と実践してきたものです。生徒が自分自身と対話を始め、自分とだけではなく、クラスメートという仲間とともに、それぞれにとってベストな学習方法やモチベーションの管理方法を見つけていこう！　というコミュニティが生まれています。ぜひ、皆様も授業で学習者の自律性を促す活動を取り入れ、生徒一人一人が秘めている自律性の芽が開くきっかけを作ってあげてください。そして生き生きして学びに取り組み始める生徒の成長を応援し、共にその喜びを分かち合ってください。

〈資料〉

【授業活動案①】 ビジョンボード（成果物の例）

【授業活動案②】 Goal Tree（成果物の例）

【授業活動案③】 モチベーションワークシート

【授業活動案③】 モチベーションワークシート（成果物の例）

【授業活動案④】 ワークシート①：My Schedule

【授業活動案④】 ワークシート②：My Schedule 振り返りワーク

【授業活動案⑤】 ワークシート：アートカードワークシート

【授業活動案⑥】 ワークシート①：習慣化記録シート

【授業活動案⑥】 ワークシート②：習慣化分析シート

【授業活動案⑦】 ワークシート：How did I do today？

【授業活動案⑧】 ワークシート：〈授業外学習〉集中できた？

【授業活動案⑨】 やる気スイッチはこれ！（成果物の例）

【授業活動案①】ビジョンボード（成果物の例）

【授業活動案②】Goal Tree（成果物の例）

【授業活動案③】モチベーションワークシート

＿＿＿＿＿の英語学習へのモチベーション（やる気）グラフ

【授業活動案③】モチベーションワークシート（成果物の例）

自分の英語学習に対するモチベーション（やる気）グラフ（例１）

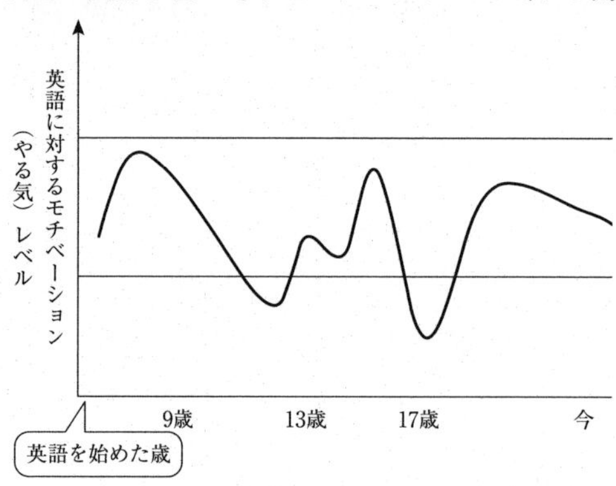

自分の英語に対するモチベーション（やる気）グラフ（例２）

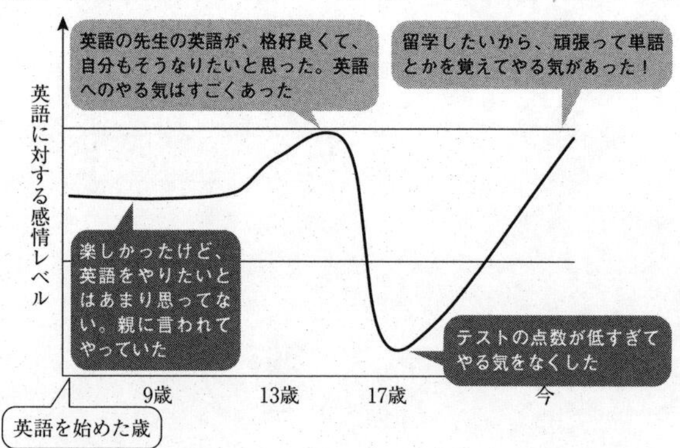

【授業活動案④】ワークシート①：My Schedule

	Mon.	Tue.	Wed.	Thur.	Fri.	Sat.	Sun.
6：00							
7：00							
8：00							
9：00							
10：00							
11：00							
12：00							
13：00							
14：00							
15：00							
16：00							
17：00							
18：00							
19：00							
20：00							
21：00							
22：00							
23：00							
24：00							
25：00							

【授業活動案④】 ワークシート②：My Schedule 振り返りワーク

My Schedule 振り返りワーク

DATE：　　　　　　　　　　　　　　　NAME：

1．What are the best days and times for you to study?
自分のスケジュールを見て、どの曜日のどの時間帯に勉強するのが良さそうですか？

2．Are you using those time effectively now?
その時間帯を今、効率的に使っていますか？

3．What did you notice by making your “My Schedule”?
My Schedule を記入してみて、気づいたことは何ですか？

4．How would you like to connect your findings to your language learning?
今日の気づきや発見を日々の英語学習にどのようにつなげる・生かしていきたいですか？

【授業活動案⑤】 ワークシート：アートカードワークシート

アートカードワークシート

Name：＿＿＿＿＿＿＿＿＿＿

「今」の自分の気持ち、状況を表すアートカード

Art card that illustrates my current situation/feelings

・**絵の説明**（Describe the art card）

・**選んだ理由**（Reasons you chose this art card）

【授業活動案⑥】ワークシート①：習慣化記録シート

日付	タスク内容				
1					
2					
3					
4					
5					
6					
7					
8					
9					
10					
11					
12					
13					
14					
15					
16					
17					
18					
19					
20					
21					
22					
23					
24					
25					
26					
27					
28					
29					
30					
31					

【授業活動案⑥】ワークシート②：習慣化分析シート

Week ＿＿＿＿　分析期間 ＿＿＿＿～＿＿＿＿　名前 ＿＿＿＿＿＿＿＿

1．○が付いている日は、どの項目？　何曜日？

習慣化項目	○が付いている曜日	○だった理由	今設定している目標はちょうどいいですか？

2．×が付いている日は、何曜日？　何か特別な日でしたか？

習慣化項目	×の曜日や時間帯	×がついた理由	×がついた場合、次の日×にならないように何か工夫しましたか？　どんな工夫？	今週より×の数が減らせそうですか？

3．この振り返りを踏まえて、習慣化項目の量、時間、など変更することはありますか？　どのように変更しますか？

変更すると決めた場合、変更しないと決めた、その理由は何ですか？

【授業活動案⑦】 ワークシート：How did I do today ?

How did I do today?
Self-reflection worksheet

	Date	One thing you want to compliment yourself. 今日の授業で、自分を褒めたいこと	Speaks in English	Enjoy 楽しむ	Confidence 自信
例	4/9	恥ずかしかったけど、英語ではっきり話せた	75%	90%	60%
1					
2					
3					
4					
5					
6					
7					

【授業活動案⑧】ワークシート：〈授業外学習〉集中できた？

授業外学習振り返りシート　My Study Log

Name ＿＿＿＿＿＿　No. ＿＿＿

	日付	時間	What I did（実行したこと）	Reflect（振り返る）	集中できたか	やる気度	楽しかったか
例	6月3日	15分	Shadowing page 34 # 3 聴いて、単語調べて、スクリプト見ながらシャドーイング	初めてやってみた。ついていくのが大変 でも、続けたらきっと上達する！	☹	☺	☹
1							
2							
3							
4							
5							
6							
7							
8							
9							
10							

【授業活動案⑨】やる気スイッチはこれ！（成果物の例）

＊この〈資料〉に掲載した成果物の例は
すべて学生が作成したものです。

参考文献

Aoki, N. (1994). Autonomy in Asia. *Learning Learning, 1*(4), 9–12. http://ld-sig.org/LL/1994d.pdf

Aoki, N. & Smith, R. (1999). Learner autonomy in cultural context: the case of Japan. In D. Crabbe & S. Cotterall (Eds.), *Learner autonomy in language learning: Defining the field and effecting Change* (pp. 19–27). Peter Lang.

Aoki, N. & Nakata, Y. (2011). Joshou: Gakushusha ohtonomii [Introduction]. In N. Aoki & Y. Nakata (Eds.), *Gakushuusha ohtonomii: Nihongo kyouiku to gaikokugo kyouiku no mirai no tameni [Learner autonomy: For the future of Japanese language education and foreign language education]* (pp. 1–22). Tokyo, Japan: Hitsuji Shobou.

Atkinson, R. (1998). *The life story interview.* Thousand Oaks, CA: Sage.

Benson, P. (2011). *Teaching and researching autonomy in language learning.* Pearson.

Benson, P. & Voller, P. (Eds.). (1997). *Autonomy and independence in language learning.* London: Longman.

Brockbank, A. & McGill, I. (2006). *Facilitating reflective learning through mentoring and coaching.* London: Kogan Page.

Bruner, J. (1983). *Child's talk: Learning to use language.* Norton.

Curran, C. (1976). *Counseling-Learning in second languages.* Counseling-Learning Institutes.

Dam, L. (1995). *Learner autonomy: From theory to classroom practice.* Dublin, Ireland: Authentik.

Dam, L. (2003). Developing learner autonomy: The teacher's responsibility. In D. Little, J. Ridley & E. Ushioda (Eds.), *Learner autonomy in the foreign language classroom: Teacher, learner, curriculum and assessment.* Dublin, Ireland: Authentik.

Dam, L., Eriksson, R., Little, D. Miliander, J. & Trebbi, T. (1990). Towards a definition of autonomy. In T. Trebbi (Ed.), *Third Nordic workshop on developing autonomous learning in the FL classroom, Bergen, August 11–14, 1989: report* (pp. 102–103). Institutt for praktisk pedagogikk, Universitet i Bergen https://warwick.ac.uk/fac/soc/al/research/groups/llta/research/past_projects/dahla/archive/trebbi_1990

Delaney, Y. A. (2012). Research on mentoring language teachers: Its role in language education. *Foreign Language Annals, 45*(1), 184–202.

Dickinson, L. (1992). *Learner autonomy 2: Learner training for language learning.* Dublin, Ireland: Authentik.

Donato, R. (1994). Collective scaffolding in second language learning. In J. P.

Lantolf & G. Appel (Eds.), *Vygostkian approaches to second language research* (pp. 33–56). New Jersey: Ablex.

Dörnyei, Z. (2010). The relationship between language aptitude and language learning motivation: Individual differences from a dynamic systems perspective. In E. Macaro (Ed.), *Continuum companion to second language acquisition* (pp. 247–267). London: Continuum.

Fanselow, J. F. (2018). *Small changes in teaching, big results in learning: Videos, activities and essays to stimulate fresh thinking about language learning.* iTDiTESOL.

Fletcher, S. (2012). Editorial of the inaugural issue of the International Journal of Mentoring and Coaching in Education. *International Journal of Mentoring and Coaching in Education, 1*(1), 4–11.

Gardner, D. & Miller, L. (1999). *Establishing self access: From theory to practice.* Cambridge: Cambridge University Press.

Gibbons, P. (2002). *Scaffolding language, scaffolding learning: Teaching second language learners in the mainstream classroom.* Heinemann.

Gkonou, C., Tatzl, D. & Mercer, S. (2016). Conclusion. In Gkonou, C., Tatzl, D. & Mercer, S (Eds.), *New directions in language learning psychology* (pp. 249–255). Cham: Springer.

Gremmo, M-J. & Riley, P. (1995). Autonomy, self-direction and self access in language teaching and learning: The history of an idea. *System, 23*(2), 151–164.

Hobson, A. J., Ashby, P., Malderez, A. & Tomlinson, P. D. (2009). Mentoring beginning teachers: What we know and what we don't. *Teaching and Teacher Education, 25*(1), 207–216.

Holec, H. (1981). *Autonomy and foreign language learning.* Pergamon Press.

Jiménez Raya, M. & Vieira, F. (Eds.) (2020). Introduction. In Jiménez Raya, M. & Vieira, F. (Eds.), *Autonomy in language education: Present and future avenues* (pp. 1–10). Routledge.

Karlsson, L., Kjisik, F. & Nordland, J. (1997). *From here to autonomy.* University of Helsinki Press.

Kato, S. & Mynard, J. (2016). *Reflective dialogue: Advising in language learning.* New York, NY: Routledge.

Kato, S. (2017). Effects of drawing and sharing a 'picture of life' in the first session of a mentoring program for experienced learning advisors. *Studies in Self-Access Learning Journal, 8*(3), 274–290.

Kelly, R. (1996). Language counselling for learner autonomy: The skilled helper in self-access language learning. In R. Pemberton, E. S. L. Li, W. W. F. Or & H. Pierson (Eds.), *Taking control: Autonomy in language learning* (pp. 93–113). Hong Kong: Hong Kong University Press.

Kissau, S. P. & King, E. T. (2014). Peer mentoring second language teachers: A mutually beneficial experience? *Foreign Language Annals, 48*(1), 143–160.

Kram, K. E. (1985). *Mentoring at work: Developmental relationships in*

organizational life. Glenview, IL: Scott, Foresman.
Little, D. (1991). *Learner autonomy 1: Definitions, issues and problems.* Dublin, Ireland: Authentik.
Little, D. (2020). Introduction. In C. Ludwig, M. G. Tassinari, & J. Mynard (Eds), *Navigating foreign language learner autonomy.* (pp. 8-17). Candlin & Mynard.
Little, D., Dam, L. & Legenhausen, L. (2017). *Language learner autonomy: Theory, practice and research.* Bristol, UK: Multilingual Matters.
Littlewood, W. T. (1996). Autonomy: An autonomy and a framework. *System, 24*(4).
Ludwig, C., Tassinari, M. G. & Mynard, J. (Eds.) (2020). *Navigating foreign language learner autonomy.* Candlin & Mynard.
Mercer, N. (1995). *The guided construction of knowledge: Talk between teachers and learners in the classroom.* Clevedon: Multilingual Matters.
Mercer, S., Oberdorfer, P. & Saleem, M. (2016). Helping language teachers to thrive: Using positive psychology to promote teachers' professional well-being. In Gabryś-Barker, D. & Gałajda, D. (Eds.), *Positive psychology perspectives on foreign language learning and teaching* (pp. 213-229). Cham, Switzerland: Springer.
Murase, F. (2012). Learner autonomy in Asia: How Asian teachers and students see themselves. In T. Muller, S. Herder, J. Adamson & P. S. Brown (Eds.), *Innovating EFL Teaching in Asia* (pp. 68-81). Palgrave Macmillan.
Mynard, J. & Carson, L. (2012). *Advising in language learning: Dialogue, tools and context.* Harlow, UK: Pearson Education.
Mynard, J. & Kato, S. (forthcoming). Enhancing language learning beyond the classroom through advising. In Reinders, H., Lai, C., & Sundqvist, P. (Eds.), *The Routledge Handbook of Language Learning and Teaching Beyond the Classroom.* Routledge.
Mynard, J. & Stevenson, R. (2017). Promoting learner autonomy and self-directed learning: The evolution of a SALC curriculum. *Studies in Self-Access Learning Journal, 8*(2), 169-182.
Mozzon-McPherson, M. (2001). Language advising: Towards a new discursive world. In M. Mozzon-McPherson & R. Vismans (Eds.), *Beyond language teaching towards language advising* (pp. 7-22). London, UK: CILT.
Oxford, R. L. (1990). *Language learning strategies: What every teacher should know.* Heinle & Heinle Publishers.
Ragins, B. R., & Kram, K. E. (2007). The roots and meaning of mentoring. In B. R. Ragins & Kram, K. E. (Eds.), *The handbook of mentoring at work: Theory, research, and practice* (pp. 3-15). Thousand Oaks, CA: Sage.
Ragins, B. R. (2012). Relational mentoring: A positive approach to mentoring at work. In K. S. Cameron & G. M. Spreitzer (Eds.), *The Oxford Handbook of Positive Organizational Scholarship* (pp. 519-536). New York: Oxford University Press.

Rogoff, B. (1995). Observing sociocultural activity on three planes: Participatory appropriation, guided participation, and apprenticeship. In J. V. Wertsch, P. Del Rio & A. Alvarez (Eds.), *Sociocultural studies of mind* (pp.139–164). Cambridge: Cambridge University Press.

Ryan, S. & Mercer, S. (Eds). (2015). Psychology and language learning (Special issue). *Studies in Second Language Learning and Teaching, 5*(2).

Ryff, C. D. (1989). Happiness is everything, or is it? Explorations on the meaning of psychological well-being. *Journal of Personality and Social Psychology, 57*(6), 1069–1081.

Seligman M. E. P. (2011). *Flourish*. New York, NY: Free Press.

Smith, R. C. (2002). Autonomy, context, and appropriate methodology. In Vieira, F., Moreira, M. A., Barbosa, I. & Paiva, M. (Eds.), *Pedagogy for autonomy and English learning: Proceedings of the 1st conference of the working group: Pedagogy for autonomy* (pp. 13–23). Universidade do Minho.

Smith, R. C. (2015). *Learner autonomy books, reports and proceedings (to 2015)*. University of Warwick. https://warwick.ac.uk/fac/soc/al/research/groups/llta/resources/books

Usuki, M. (1999). Learning from the learners' voice: A consideration of learner development. *The Language Teacher, 23*(9), 6–9. https://jalt-publications.org/articles/24542-learning-learners-voice-consideration-learner-development

Valdivia, S., McLoughlin, D. & Mynard, J. (2012). The portfolio: A practical tool for advising language learners in a self-access centre in Mexico. In J. Mynard & L. Carson (Eds.) *Advising in language learning: Dialogue, tools and context*. New York: NY: Routledge.

van Lier, L. (1996). *Interaction in the language curriculum: Awareness, autonomy & authenticity*. London, UK: Longman.

van Lier, L. (2004). *The ecology and semiotics of language learning: A sociocultural perspective*. Boston, MA: Kluwer Academic.

Vygotsky, L. S. (1978). *Mind in society: The development of higher psychological processes*. Cambridge, MA: Harvard University Press.

Yamada, Y. (2002). Models of life-span developmental psychology: A construction of the generative life cycle model including the concept of "death". Kyoto University *Research Studies in Education, 48*, 39–62. Retrieved from http://hdl.handle.net/2433/57465

Yamamoto, K. & Imamura, K. (2020). 対話の中で成長する学習者オートノミー：セルフアクセスセンターにおける社会的学習機会の考察 Developing Learner Autonomy through Dialogue: Considering Social Learning Opportunities in Self-Access Centers. In C. Ludwig, M. G. Tassinari & J. Mynard (Eds), *Navigating foreign language learner autonomy*. (pp. 348–377). Hong Kong: Candlin & Mynard.

Yamashita, H. (2015). Affect and the development of learner autonomy through advising. *Studies in Self-Access Learning Journal, 6*(1), 62–85.

https://www.mext.go.jp/b_menu/shingi/chousa/shisetu/044/shiryo/__icsFiles/afieldfile/2018/07/09/1405957_003.pdf
文部科学省資料「新学習指導要領について」

【監修者略歴】

関屋　康（せきや・やすし）
上智大学大学院修士課程修了、コロンビア大学大学院修士課程・博士課程修了（Ed.D.）。専門は教育言語学・英語音声学。現在、神田外語大学外国語学部英米語学科教授、同大学大学院修士課程 TESOL プログラム・ディレクター。著書に『成長する英語学習者：学習者要因と自律学習』（分担執筆、大修館書店）などがある。

Jo Mynard（ジョー・マイナード）
アイルランドトリニティ・カレッジ応用言語学修士課程修了（M.Phil.）、英国エクセター大学大学院博士課程修了（Ed.D. in TEFL）。現在、神田外語大学グローバル・リベラルアーツ学部教授、セルフアクセスラーニングセンター所長、自立学習教育研究所所長。*Studies in Self-Access Learning* をはじめとする学術誌の創刊者および編集者。著書多数。

【著者略歴】

加藤聡子（かとう・さとこ）【第 1 部担当】
米国コロンビア大学大学院修士課程修了（MA TESOL）、広島大学大学院教育学研究科博士課程後期終了（教育学博士）。現在、神田外語大学自立学習教育研究所講師。著書に *Reflective Dialogue: Advising in Language Learning*（共著、Routledge NY）、『英語学習手帳』（共著、神田外語大学出版局）などがある。

山下尚子（やました・ひさこ）【第 2 部担当】
米国モントレー国際大学院外国語教育修士課程修了、関西大学大学院博士後期課程満期退学。現在、神戸松蔭女子学院大学准教授、日本自律学習学会前会長。著書に、*Advising in Language Learning: Dialogue, Tools and Context*（分担執筆、Pearson）、『英語学習手帳』（共著、神田外語大学出版局）などがある。

英語教師のための
自律学習者育成ガイドブック　　NDC 375/x, 137p/21cm

2021 年 9 月 10 日　初版第 1 刷発行

［監修者］　関屋 康／ジョー・マイナード
［著　者］　加藤 聡子／山下 尚子
［発行者］　佐野 元泰
［発行所］　神田外語大学出版局
〒 261-0014 千葉県千葉市美浜区若葉 1-4-1
TEL 043-273-1481
http://www.kandagaigo.ac.jp/kuis/press/
［発売元］　株式会社ぺりかん社
〒 113-0033 東京都文京区本郷 1-28-36
TEL 03-3814-8515
http://www.perikansha.co.jp
［印刷・製本］　藤原印刷株式会社

ISBN978-4-8315-3015-8　Printed in Japan